एक और कहानी...

एक और कहानी...

डॉ. रमेश पोखरियाल निशंक

वाणी प्रकाशन
21-ए, दरियागंज, नयी दिल्ली-110002
फोन : 011-23273167, 23275710
फैक्स : 011-23275710
e-mail : vaniprakashan@gmail.com
website : www.vaniprakashan.com

वाणी प्रकाान का 'लोगो'
विख्यात चित्रकार मक़बूल फ़िदा हुसेन की
कूची से

ISBN : 978-81-8143-773-0

वाणी प्रकाशन
21-ए, दरियागंज, नयी दिल्ली-110002
द्वारा प्रकाति
प्रथम संस्करण : 2008

आवरण : वाणी चित्रांकन
नागरी प्रिंटर्स, शाहदरा, दिल्ली-110032
द्वारा मुद्रित

मूल्य : 100.00

EK AUR KAHANI...
by : Dr. Ramesh Pokhriyal 'Nishank'

अनुक्रमणिका

एक और बेड खाली हो गया

'अरे राजू जल्दी से आओ, एक और बेड खाली हो गया ! जल्दी से डेड बॉडी हटाकर चादर बदल दो और जिसका अगला नम्बर हो, उसे बेड दे दो।' नर्स सिस्टर रोजी ने बार्ड ब्वॉय राजू को आवाज देते हुए कहा।

रोजी की आवाज सुनते ही जमीन पर लेटे हुए कई मरीजों ने आशापूर्ण नजरों से राजू की ओर देखा कि शायद अब उन में से किसी एक मरीज को जमीन छोड़ चारपाई नसीब हो जाये।

'कौन हैं इनके साथ? जल्दी से बताइये, डेड बॉडी कहाँ लेकर जाना है? टाइम नहीं है अपने पास। बहुत काम करना है अभी।' राजू लगभग चिल्लाते हुए बोला।

पिता की मृत्यु का सुरेश अभी शोक भी नहीं मना पाया था कि अब पिता की लाश उठाकर बेड खाली करवाने की जल्दबाजी देखिए।

'मैं दिल्ली में बिलकुल नया हूँ, अपने दो एक रिश्तेदारों को बुलवा लूं, तभी पिता की लाश ले जा पाऊँगा।' सुरेश ने दुःख मिश्रित आग्रह करते हुये कहा।

'इतना टाइम नहीं है अपने पास। देखते नहीं मरीजों की लाइन लगी पड़ी है।' रोजी कटु स्वर में बोली। फिर राजू से बोली 'जब

तक इसके रिश्तेदार आते हैं, तब तक डेड बॉडी मोर्चरी में डाल दो। बहुत सारे मरीज लाइन में हैं। जल्दी से बेड खाली करवाओ।'

और थोड़ी ही देर में राजू ने सुरेश के पिता की लाश को मोर्चरी में डाल कर तुरन्त ही बिस्तर की चादर बदल दी। अब वह किसी अन्य मरीज को फर्श से उठकार बिस्तर दिलवाने की जल्दबाजी में व्यस्त हो गया था। ऐसे ही मौके तो उसे कुछ ऊपर की कमाई का अवसर देते थे। जमीन से उठकर बिस्तर पर लेटने की ऐवज में दर्द से कराहते गंभीर बीमारियों से ग्रस्त मरीजों के रिश्तेदारों को ये सौदेबाजी बुरी भी नहीं लगती थी।

पिता की लाश को मोर्चरी में छोड़ सुरेश अस्पताल के समीप स्थित पी.सी.ओ. बूथ पर फोन करने चला गया। अपने मामा, जिनके सहारे पर वह पिता का इलाज कराने पहाड़ के सुदूर गाँव से दिल्ली तक चला आया था, को पिता की मृत्यु की खबर देने के पश्चात् जब उसने दूसरा फोन मिलाने का प्रयास किया, तो लाइन में खड़ा एक आदमी लगभग चिल्ला कर बोला 'अरे इतने सारे फोन करने थे तो कहीं और जाते, देखते नहीं लाइन में इतने लोग खड़े हैं।'

'दरअसल मेरे पिता की मृत्यु हो गई है और उसकी खबर रिश्तेदारों को देनी थी इसलिये...।' सुरेश की उंगलियाँ फोन पर ही रुक गई थीं।

'अरे तो किसी एक रिश्तेदार को बताकर उसे ही सबको बताने को कह दो, हमारा टाइम क्यों खराब कर रहे हो?' उस व्यक्ति का स्वर अब और भी उग्र था।

'आप एक और फोन कर किसी एक सगे सम्बंधी को सूचित कर दीजिए। क्या बतायें बेटा! यहाँ सभी को जल्दी है। किसी के जीवन मरण से यहां किसी को फर्क नहीं पड़ता। अस्पताल है, रोज पता नहीं कितनी मौतें होती हैं।' सुरेश के ठीक पीछे खड़े व्यक्ति

ने विनम्रता से कहा। उसका स्वर सुरेश को तपती रेत में ओस की बूँद के समान प्रतीत हुआ।

तुरन्त ही काँपती अँगुलियों से उसने अपनी बहिन की ससुराल में फोन मिलाया और उन्हें अन्य सम्बंधियों को सूचित करने का आग्रह कर सुरेश मोर्चरी के बाहर खड़ा हो गया।

मामाजी और जीजाजी को आने में एक घण्टा तो लग ही जायेगा। वो भी तब, जब कि आज छुट्टी का दिन है। नहीं तो और भी मुश्किल हो जाती। प्रतीक्षा का यह समय उसे वापिस अपने गाँव ले गया।

पिता की बीमारी कई महीनों से ठीक होने में नहीं आ रही थी। गाँव के समीपवर्ती अस्पताल के चक्कर काट-काट कर सुरेश परेशान हो गया था, किन्तु उन पर दवाइयों का कोई प्रभावकारी असर नजर नहीं आ रहा था। 'देखिये इनके कुछ परीक्षण करने होंगे। यहाँ पर तो ये सुविधायें उपलब्ध हैं नहीं, अच्छा होगा कि आप इन्हें किसी बड़े अस्पताल में लेकर जायें, तभी बीमारी पकड में आ पायेगी।' गॉव के समीपवर्ती प्राथमिक स्वास्थ्य केन्द्र के डॉक्टर ने ये कह कर अपना पल्ला झाड़ लिया था।

डॉक्टर की राय सुनकर माँ सुरेश के पीछे लग गई थी 'बेटा, इन्हें जल्दी से दिल्ली ले जा। सुना है वहाँ बहुत बड़े-बड़े अस्पताल हैं। कल सुबह ही पैठाणी जाकर अपने मामा को फोन कर बता दे कि तू पिताजी को लेकर दिल्ली आ रहा है, वह सब इन्तजाम कर देगा। क्या करूँ बेटा! इनकी हालत मुझसे तो देखी नहीं जाती।'

माँ की बात सुरेश टाल नहीं पाया। वैसे वह भी तो इतने महीनों से पिता की हालत देखकर परेशान था। शायद दिल्ली में डॉक्टर उनकी बीमारी का पता लगा पायें और वे ठीक से इलाज कर पायें।

सुरेश गांव के पास ही स्थित प्राथमिक विद्यालय में अध्यापक था। उसकी दो बड़ी बहिने थीं, जो कि विवाहित थीं और अपने-अपने

घरों में प्रसन्न थीं। दूसरे दिन सुबह-सुबह ही पैठाणी जाकर सुरेश ने मामा और बड़ी बहिन को फोन कर गंभीर रूप से बीमार पिता को दिल्ली लेकर आने की सूचना दी और स्कूल से छुट्टी लेकर, पिता को लेकर दिल्ली रवाना हो गया। इन परिस्थितियों में बहिन के घर जाना उसने उचित नहीं समझा और पिता को लेकर मामा के घर पर चला गया।

मामा का घर देखकर सुरेश हतप्रभ रह गया था। एक कमरा, साथ में छोटा सा किचन और छोटी सी गैलरी, जिसमें बच्चों का कुछ सामान रख कर कमरे का रूप दे दिया गया था। कहाँ रहेंगे यहाँ इतने लोग?, मामा का स्वयं भी चार लोगों का परिवार था? मामा, मामी और उनके दो बच्चे, वही कैसे रह पाते होंगे?

उस पर दो और लोग रहने आ गये। इस घर से बड़ी तो उनकी गौशाला है। सुरेश मन ही मन सोचता रह गया था। अपने मन को तसल्ली देते हुये सोचा कि चलो कुछ दिन की ही तो बात है। पिताजी की हालत में सुधार होते ही वह तुरन्त यहाँ से चला जायेगा।

'जीजा जी को कल ही अस्पताल में दिखवा देंगें, हमारे गाँव का एक व्यक्ति वहाँ नौकरी करता है और मैंने उसी से कह दिया है कि थोड़ा जल्दी दिखला देना। वरना यहाँ तो महीनों लग जाते हैं।'

भोजन के वक्त मामाजी ने कहा तो सुरेश कुछ आशान्वित हुआ। यहाँ की स्थिति देखकर मामा-मामी पर अधिक समय तक कदापि बोझ नहीं बनना चाहता था वह!

अगले दिन पिता को लेकर अस्पताल पहुँचा, तो वहाँ की भीड़ देखकर दंग रह गया। लग रहा था कोई मेला लगा हो। पहाड़ के किसी कौथीग की तरह अस्पताल में लगी भीड़ देखकर एक पल को तो सुरेश हताश हो गया था कि यदि इस भीड़ में वह आज

पिता को डॉक्टर को न दिखा पाया, तो दो दिन से पैठाणी बाजार में उसके फोन का इन्तजार कर रही माँ को आज सायं को वह क्या जवाब देगा? सौभाग्यवश, चार घण्टे की प्रतीक्षा के बाद जब उसके पिता का नाम पुकारा गया, तो सुरेश की जान में जान आ गई थी। डॉक्टर ने प्रारम्भिक जाँच कर कुछ टेस्ट कराने को कहा और टेस्ट की रिपोर्ट लेकर कल मिलने को कहा।

मामाजी ने फिर अपने गाँव के उसी व्यक्ति से कहलवाकर जल्दी से टेस्ट करवा लिये। इसके उपरान्त आरम्भ हुए सुरेश के अस्पताल के चक्कर! कभी कोई रिपोर्ट लेना तो कभी कोई मामाजी भी रोज-रोज नहीं आ सकते थे, क्योंकि प्राइवेट नौकरी जो थी उनकी। वे बेचारे आखिर कब तक छुट्टी लेते। सुरेश की दौड़ धूप और मामाजी के परिचित के सहयोग से लगभग एक सप्ताह बाद जब सभी जाँच रिपोर्ट मिल गईं, तो सुरेश आश्वस्त हुआ था कि अब पिता का उपयुक्त इलाज संभव हो पायेगा और वह सुकून से अपने गाँव वापिस जा पायेगा।

कुछ दिनों बाद ही वह महसूस करने लगा था कि मामी परेशान रहने लगी है। पिता की बीमारी के कारण दिल्ली में रहने वाले रिश्तेदारों का आना-जाना भी होने लगा था। मामी वैसे तो कुछ न कहती, लेकिन बच्चों पर बार-बार उनका बिगड़ना, उनके स्वभाव में आये परिवर्तन को स्पष्ट बयां कर देता था।

एक बार दबी जुबान से उसने पिता को कुछ दिनों के लिये दीदी के घर ले जाने की सलाह दी थी, तो मामा ने डाँट कर उसे चुप करा दिया था।

'क्यों? क्या हमारा घर छोटा लग रहा है तुझे, जो बहिन के घर जायेगा। उसके सास-ससुर भी साथ में रहते हैं और दिल्ली में हम जैसे सामान्य लोगों के पास इतने ही बड़े घर हैं। रात होते ही चारपाइयों के नीचे से चारपाइयां निकालकर ही सब लोग रात

गुजारते हैं। बेटा ऐसी ही है यहाँ की जिन्दगी। इसलिए तू परेशान मत हो और ढंग से जीजाजी का इलाज करा।'

'इनकी हालत तो काफी खराब है। आंतों का इन्फेक्शन काफी बढ़ चुका है। इन्हें तुरन्त अस्पताल में भर्ती करवा दीजिए।' डॉक्टर के इतना कहते ही सुरेश एक पल को तो घबरा गया, किन्तु अगले ही क्षण उसे ठीक भी लगा कि अब उन्हें मामा जी के घर में और नहीं रहना पड़ेगा।

अस्पताल पहुंचते ही वार्ड ब्वाय ने मरीजों से भरे हुए एक बड़े से हाल में जमीन पर एक गद्दा बिछा कर पिता जी को वहाँ पर लेट जाने आदेश दिया, तो सुरेश का खून खौल उठा। 'अरे इतने बीमार और बुजुर्ग आदमी को जमीन पर लिटाते हुए शर्म नहीं आती तुमको? उनके लिए बिस्तर का इन्तजाम नहीं हो पाया क्या?'

'जोर से मत बोलो बाबू जी! ये दिल्ली है, यहाँ रोज न जाने कितने मरीज भर्ती होते हैं। इतनी बेड नहीं हैं यहाँ पर, कोई बेड खाली होगा तो मिल जायेगा।' वार्ड ब्वाय तल्खी से बोला।

थोड़ी देर में नर्स आई तो जमीन पर लेटे हुए पिता को कुछ दवाईयां खिलाने का निर्देश दे गई और उनकी बाँह पर ग्लूकोज चढ़ा गई। जिस बेदर्दी से उसने सुई उनकी बाँह में चुभोई, उसको महसूस कर सुरेश की तो आह निकल गई थी। लेकिन नर्स के चेहरे पर कोई भाव न थे।

सुरेश को लगा ये सब जैसे मशीन हों। चेहरे पर बिना किसी भाव के ये लोग ऐसे काम कर रहे हैं मानो रोबोट हों। मरीज के दुःख दर्द से इनका कोई लेना देना नहीं है।

दो तीन दिन बाद मामा के उसी परिचित की बदौलत पिता को एक अदद बेड मिल गया था क्योंकि पास ही के कमरे से एक व्यक्ति ठीक होकर घर वापिस जा चुका था।

पिता की हालत में अपेक्षानुरूप बहुत अधिक सुधार नहीं हो

रहा था। पिता के पास बैठे सुरेश को बार–बार लगता था कि मानों जमीन पर लेटे हुए हर मरीज की निगाह उसी बेड पर लगी है कि कब बेड खाली हो और उन्हें भी एक अदद बेड नसीब हो।

'सुरेश! क्या हो गया था जीजा जी को अचानक? कल शाम तक तो ठीक थे।' मामा जी का स्वर सुनकर सुरेश तन्द्रा से जागा। मामाजी के साथ जीजा जी और गाँव के कुछ और लोग भी आ चुके थे।

'साहब! इतनी देर तक आपके पिता की लाश को संभालकर रखा है। क्या उसका मेहनताना नहीं देंगे?' मोर्चरी के बाहर खड़े चौकीदार ने खीसें निपोरते हुए कहा, तो सुरेश का मन वितृष्णा से भर उठा। लाश के साथ भी सौदेबाजी! जेब में जो कुछ भी बचा था, उसे ललचायी नजरों से देख रहे चौकीदार के हाथ में रख सुरेश व्यथित मन लिये अस्पताल से बाहर निकल आया।

इसके बाद कब उसने पिता का अंतिम संस्कार कर उनका अस्थिकलश ले कोटद्वार की बस पकड़कर गाँव की ओर प्रस्थान किया उसे कुछ ज्ञात नहीं। लगता था जैसे पहाड़ से आने के बाद वह भी रोबोट जैसा निष्प्राण हो गया है। बस चलने में अभी कुछ देर थी, किन्तु सुरेश को आई.एस.बी.टी. पर एक एक पल बस चलने का इन्तजार करना बहुत भारी पड़ रहा था। विगत एक माह में इस मायानगरी के कटु अनुभवों को याद कर वह यहाँ से तुरन्त निकल जाना चाहता था। बस में यात्रा करते हुये पूरी रात उसकी आंखों के समक्ष अस्पताल में घटित एक-एक घटना जो उसने स्वयं अपनी आंखों से देखी थी, प्रकट होने लगी। सुरेश सोचने लगा कि क्या यही दिल्ली जैसे महानगरों की झूठी शानौ शौकत है? जहाँ की दौड़ती भागती जिन्दगी में एक पल रुककर अपने पराये किसी के प्रति भी संवेदना अथवा सहानुभूति के दो शब्द कहने की भी फुर्सत नहीं है।

14 : एक कहानी और...

एक पल के लिये वह सोचने को विवश हो गया था कि इससे लाख गुना बेहतर जिन्दगी तो हम पहाड़ में जी रहे हैं, जहाँ की माटी में दुनियाभर की दुख विपदा को समेटकर सुख बांटने की परम्परा जन्म जन्मान्तर से आज तक भी रची-बसी है। दोपहर बाद गाँव पहुंचकर उसने बरामदें में पिता का अस्थिकलश रख माँ को यह दुःखद समाचार सुनाया तो माँ जोर-जोर से चीखती हुई बेहोश हो गई। माँ की चीखें सुनकर पल भर में ही पूरा का पूरा गाँव ही नहीं अपितु आसपास के गाँवों के लोग भी उनके घर एकत्रित होकर सुरेश व उसकी माँ को ढाढस बंधाते हुये सांत्वना देने लगे।

अपनों के बीच से सहानुभूति के बोल सुन सुरेश की आंखों से दिल्ली में सूख चुके आंसू एकाएक अश्रुधार बनकर निकल आये और वह फूट-फूटकर रोने लगा। रोते-रोते जब उसका मन कुछ हल्का हुआ तो वह महसूस कर रहा था कि महानगरों व शहरों में आधुनिकता की चकाचौंध में कब की जिन्दा दफन हो चुकी मानवीय संवेदनायें तो वास्तविक रूप में पहाड़ के कण-कण में रची बसी हैं, जिनके बीच आज वह अपनी भावनायें व्यक्त कर सका है।

एक कहानी और : 15

संवेदनहीन

वसूली अमीन की कड़क मिजाजी और बैंक के व्यवहार ने शरद के माथे की लकीरें बढ़ा दीं। उसकी समझ में नहीं आ रहा था कि वह कैसे इस आर्थिक संकट से उबर पायेगा। गाँब में बैंक वालों के साथ कुर्की अमीन के आने से शरद की साख को बट्टा तो लग ही गया था, किन्तु उससे भी अधिक अपमानजनक बात यह थी कि सारे गाँव के लोगों के बीच उसे अपमान का घूंट पीना पड़ा था। कम से कम उस अपमानबोध से निकल पाना शरद जैसे संकोची व विनम्र स्वभाव के व्यक्ति के लिए कतई आसान न था।

बैंक से बीस हजार का ऋण लेकर जब शरद अपने पड़ोसी तुला सिंह और जगपाल के साथ भैंस खरीदने गुलाबराय गया था, तो उस दिन उसके घर में उत्सव जैसा माहौल था। घर की चहल-पहल देखकर ऐसा प्रतीत होता था कि कोई बहुत बड़ी खुशी इस घर को मिल गई हो। शाम को जब कानों में टोकन लगी दो भैंस लेकर वह घर पहुँचा था, तो पूरा गाँव भैंस देखने उसकी गौशाला में इकट्ठा हो गया था।

शरद ने भैंस की पीठ पर हाथ फेरते हुये अपनी पत्नी से कहा, 'एक बार में पांच किलो दूध देती है एक भैंस। चलो, अब तो अच्छा हो गया, दूध बेचकर कम से कम घर के नमक तेल का

खर्चा तो निकल जायेगा। मास्टर जी, बैंक मैनेजर व डॉक्टर साहब के यहाँ दो-दो किलो दूध लगाने की बात पहले ही पक्की हो चुकी है, जबकि बाकी का दूध सुमेरपुर के बाजार की दुकानों में बेच देंगे। घर के लिए केवल एक किलो दूध ही रखना। पूरे इलाके में दूध की मांग तो बहुत है। सचमुच दूध नहीं अमृत है ये, पुष्पा!'

उस दिन शरद अपनी पत्नी से दूध के हिसाब-किताब की बात करता हुआ आत्मविश्वास से भरा था और दोनों पति-पत्नी रात भर करवटें बदल-बदल कर अपने सुखी भविष्य का ताना-बाना बुनते हुये जाने कब सो गए, पता ही नहीं चला।

सुबह पास के नारंगी व नासपाती के पेड़ों से चिड़ियों के चहचहाने की आवाज सुनकर शरद की आंखें खुली, तो उसी पल खड़े होकर उसने पत्नी को भी जगा दिया। पुष्पा को लगा जैसे कोई मीठे स्वप्नलोक से उसे वापस धरती पर ला रहा हो।

गहरी नींद से जागी पुष्पा का मन करता था कि उनसे कहकर कुछ देर और सो जाऊँ परन्तु दो भैंसों की याद आते ही वह तुरन्त गौशाला की ओर निकल पड़ी। उस दिन पुष्पा के कदमों में एक स्फूर्ति थी, नव जीवन का एक उत्साह था, भविष्य की सतरंगी कल्पनाओं का उफान था जिनके बीच उसके कदम रोके नहीं रुक रहे थे।

शरद की भैंस की चर्चा गांव में ही नहीं, वरन पूरे इलाके में हो रही थी। बैंक से बीस हजार का ऋण लेकर दस-दस हजार में दो भैंस खरीदने का साहस जो दिखाया था उसने। भैंस को देखते ही नजरें फिसल जातीं। दोनों भैंस थी भी कबूतर जैसी शोख और खरगोश जैसी चंचल। गाँव में सभी लोग कहते, 'भैंस हों तो शरद जैसी, लोन लेकर ली हैं, लेकिन दोनों ही भैंसों का पूरे इलाके में कोई दूसरा जोड़ नहीं हैं।' कुछ लोग कहते, 'लगता है बैंक वालों की मेहरबानी से अब शरद की दरिद्रता इन भैंसों से पार हो

जायेगी।'

पहली ही सुबह शरद की दोनों भैंस ने अच्छा दूध दिया और लगभग दस-बारह किलो दूध मिल गया। आठ किलो दूध तो गाँव में ही बंट गया। दो किलो मास्टर जी, दो किलो डॉक्टर साहब, दो किलो पतरोल व दो किलो प्रधान जी के यहाँ, सभी घरों में शरद ने सुबह ही दूध पहुँचा दिया। उस दिन बाकी दूध बच्चे पीते रहे, फिर भी चार किलो दूध में से काफी दूध बच गया, तो पुष्पा ने परोठे में जमाने के लिए रख दिया।

'पुष्पा! हम चौदह रूपये किलो के भाव से दूध बेचेंगे क्योंकि हमारा दूध शुद्ध है। डॉक्टर साहब कह भी रहे थे कि उन्हें तो शुद्ध दूध ही चाहिए, चाहे वह कितने रुपये किलो भी क्यों न हो।'

'लोग तो पानी मिलाकर भी पन्द्रह रुपये किलो दूध बेच रहे हैं। फिर हम तो शुद्ध दूध ही दे रहे हैं।' पुष्पा ने शरद से कहा।

'तुम सही कह रही हो। हम अगर दो रुपये और बढ़ाकर भी बेचेंगे तो भी गलत नहीं होगा। आखिर हम लोगों ने बैंक की किश्त भी तो हर माह चुकानी है। मैनेजर साहब बता रहे थे कि ब्याज सहित दो हजार रूपये के करीब मासिक किश्त है। बैंक से ऋण लिया है, तो जितना लिया है ब्याज लगाकर लगभग डेढ गुना चुकाना है।' शरद ने समझाया।

दो दिन के अन्दर ही शरद का दूध सुमेरपुर के बाजार तक पहुँच गया और दूध से उसको हर माह लगभग छः हजार के करीब रुपया मिलने लगा, जिसमें से बैंक की किश्त व घर का खर्चा आराम से चलने लगा। शरद की देखा-देखी गाँव के अन्य काश्तकार और बेरोजगार भी पास के बैंक से लोन लेकर इसी तरह का व्यवसाय अपनाकर स्वावलम्बी बनने की सोचने लगे।

कुछ दिनों बाद पुष्पा भैंस को पानी पिलाने व नहलाने खालीधार ले गईं। तभी बगड़ में सामने से आ रहे ट्रक की आवाज

सुन सड़क पार कर रही भैंस बिदक कर भागती हुई खड़पतिया की ढ़ांग से नीचे गिर गई। यह सब कुछ इतनी जल्दी घटित हुआ कि पुष्पा हक्की-बक्की देखती ही रह गई और वहीं पर बेहोश होकर गिर पड़ी।

दुर्घटना की जानकारी पाकर जब तक गांव के लोग नीचे पहुंचते, तब तक वहां चील-कौवे मडंराने लगे थे। उस दिन शरद बैंक की किश्त जमा करने चोपता गया था। भैंस के गिरने की खबर उसे सतेराखाल बाजार में लग गई थी। हांफते-कांपते वह तुरन्त किसी तरह घर पहुँचा, लेकिन तब तक बहुत देर हो चुकी थी और भैंस खाई में गिरकर अपनी जान गंवा चुकी थी। भैंस को गिरते देख पुष्पा तो बगड़ में ही बेहोश हो गई। बगड़ में ताश खेलते युवाओं ने उसे बेहोशी की हालत में घर पहुँचाया। किसी ने उसकी दूसरी भैंस को गौशाला तक पहुँचाकर उसके कीले में बांध दिया, तो कुछ ने गाँव में शरद की भैंस गिरने की आवाज देकर सारे गांव वालों को इकट्ठा कर दिया।

शरद की भैंस गिरने की खबर से पूरे गांव में मातम छा गया। गांव की महिलाएं पुष्पा के घर में इकट्ठा हो कर उसे किसी तरह ढाढस बंधाती रही, किन्तु पुष्पा का तो रो-रोकर हाल-बेहाल था। एक भैंस के गिरने से पुष्पा उस सदमे से उबर नहीं पाई और सोचती कि इतनी मेहनत करने से उन्हें क्या मिला?

कुछ लोग कानाफूसी करते कहते कि गुलाबराय से भैंस लाते ही शरद ने 'भूमाल्य देवता' की पूजा नहीं की, जिस कारण यह दुर्घटना हुई। कुछ कहते कि बैंक से लोन लेकर क्या किसी का कोई काम सुफल हुआ है? सभी अपनी सोच के अनुसार अलग-अलग तरह की बातें करते, जबकि शरद व पुष्पा तो अब हर समय इसी सोच में डूबे रहते कि मात्र एक भैंस के दूध से परिवार के खर्च के साथ बैंक की किश्त कैसे चुकायी जायेगी?

बेहतर देखभाल व चारा-पानी की व्यवस्था न होने से शरद की दूसरी भैंस भी बीमार रहने लगी। शरद व पुष्पा का उत्साह अब पहले जैसा नहीं था। बीमारी व कुपोषण के कारण शरद की भैंस ने दिन प्रतिदिन दूध देना कम कर दिया और कुछ ही समय बाद वह इतनी अस्वस्थ हो गई कि उसने दूध देना पूरी तरह बंद कर दिया, जिससे दूध के नाम पर अब तक की थोड़ी बहुत आमदनी भी बंद हो गयी।

पिछले छः माह से बैंक की एक भी किश्त न गई, तो बैंक वालों ने पहले तो शरद को नोटिस भेजा और प्रत्युत्तर में जब शरद की ओर से बैंक से सम्पर्क कर किश्त जमा कराने हेतु कोई प्रयास नहीं किया गया, तो बैंक वालों ने एकतरफा कार्यवाई करते हुये बंकाया बचे लोन की एकमुश्त वसूली हेतु तहसील में शरद के विरूद्ध वसूली न हो पाने का प्रमाण पत्र दाखिल कर दिया था।

आज सुबह-सुबह ही जब वसूली अमीन होमगार्ड के दो जवानों के साथ शरद के घर पर आ धमका, तो शरद को जैसे सांप सूंघ गया हो। उसके पाँवों तले की जमीन खिसक गई। वसूली कर्मियों के दुर्व्यवहार से शरद अत्यधिक लज्जित होकर सोचने को मजबूर हो गया था कि जैसे बैंक से लोन लेकर उसने कोई बहुत बड़ा अपराध किया हो। वह यह नहीं समझ पा रहा था कि आखिर उसका कसूर क्या है?

गाँव वालों के समक्ष अपने अपमान को देख उसे लगा कि काश धरती फट जाती और वह पूरे परिवार सहित उसी में समा जाता! शरद और पुष्पा को इस बात का मलाल था कि लोन के रूप में पहाड़ के हर परिवार व नौजवानों को आर्थिक सहायता उपलब्ध करवाकर स्वावलम्बी बनाने का ढिंढोरा पीटने वाले बैंकवालों ने एक बार भी उनके घर आकर यह जानने का तनिक भी प्रयास नहीं किया कि पहले डेढ साल में बिना किसी चूक के

प्रतिमाह समय से पहले ही किश्त चुका रहे शरद ने आखिर किन परिस्थितियों के वशीभूत अनायास किश्त चुकानी बन्द कर दी? बैंक कर्मियों के व्यवहार ने आज उनकी संवेदनहीनता को उजागर कर दिया था। कल तक बैंक से लोन लेकर स्वावलम्बी बनने का सपना पाले गाँव वाले कानाफूसी करते कहने को विवश थे कि इन बैंक वालों और वसूली वालों से तो भगवान ही बचाये!

अमीन के माध्यम से जब बैंकवालों को वस्तुस्थिति की जानकारी हुई, तो शरद को बुलवाकर उन्होंने बताया कि उसकी भैंस का तो बैंक ने बीमा करवा रखा है। यदि वह मरी हुई भैंस का पशु डॉक्टर से पोस्टमार्टम रिपोर्ट व टैग नम्बर लगा कान काटकर ले आए, तो बीमे की रकम प्राप्त हो सकती है जिससे लोन बन्द हो सकता है।

'मरी हुई भैंस का टैग लगा हुआ कान काटकर लाना होगा।' बैंक मैनेजर की बेरुखी भरी आवाज सुनकर शरद मानो आसमान से धरती पर आ गिरा हो!

मरी हुई भैंस का कान? कहाँ से लायेगा वह अब दस माह पूर्व मरी भैंस का कान और उसकी पोस्टमार्टम रिपोर्ट? वह तो कब का गल-सड़ गया होगा। टैग भी न जाने कहाँ होगा। चील, गिद्ध अथवा सियार के पेट में। शाम को शरद घर आ पहुँचा। हताश, खामोश और परेशान! आते ही उसने दरांती उठाई और गौशाला की तरफ जाने लगा।

'दरांती लेकर कहाँ चले इस वक्त? पहले यह तो बताओ क्या कहा बैंकवालों ने?' पुष्पा ने पूछना चाहा।

'भैंस का कान काटने।' शरद ने विक्षुब्ध होकर चिल्लाते हुये कहा। पुष्पा विस्फोटित नजरों से उसे ऐसे घूर रही थी जैसे वह अभी अभी किसी पागलखाने से छूटकर आया हो।

आज जब सारे गाँव के सामने वसूली अमीन होमगार्ड के दो

जवानों के दम पर घर की कुर्की करने पर आमादा था, तो शरद और पुष्पा अश्रुपूरित नेत्रों से यह सोचने का विवश थे कि काश! बैंकवालों ने लोन देते समय इतनी जानकारी दे दी होती कि इस प्रकार की दुर्घटना में भैंस की मृत्यु होने पर उन्हें ये औपचारिकतायें पूरी करने पर बीमा क्लेम मिल सकता है, तो आज उन्हें यह दुर्दिन कदापि नहीं देखने पड़ते।आखिर बीमा करवाने का पैसा तो संवेदनहीनता की सारी सीमायें लांघ चुके इन बैंकवालों ने उनसे ही वसूला था...!

मनीऑर्डर

'सुन्दरू के पिता का मनीऑर्डर नहीं आया, इस बार न जाने क्यों इतनी देर हो गई? वैसे महीने की दस से पन्द्रह तारीख के बीच उनके रुपये आ ही जाते थे। उनकी ड्यूटी आजकल लेह में है। पिछले महीने तक वे सुदूर आईजॉल मिजोरम में तैनात थे, तब भी पैसे समय पर आ गये थे, किन्तु इस बार तो हद हो गई थी। आज महीने की सत्ताईस तारीख हो गई और सुन्दरू के पिता के रुपये तो दूर, लेह लद्दाख जाने के बाद से कोई चिट्ठी तक नहीं आई। समझ में नहीं आता कि कहाँ से बच्चों की फीस व घर की राशन पानी के लिए पैसों का इन्तजाम करूंगी?'

रंजू के मन में जहाँ कई तरह की आशंकाओं के बादल मंडरा रहे थे, वहीं वह इस बात को लेकर कुछ ज्यादा ही परेशान थी कि अगले दो-एक दिनों में मनीऑर्डर न आने पर पैसों की व्यवस्था करेगी तो करेगी कहाँ से? आखिर मनीऑर्डर की प्रतीक्षा में कितने दिनों से वह बच्चों को उनकी फीस सहित हल लगाने वाले, घराट की मरम्मत कर रहे मिस्त्री सहित न जाने कितने लोगों से वायदा जो कर चुकी थी।

मोहन लाल ने टोलका व पलडुंगा के खेतों का हल तो पहले ही आधे-अधूरे में ही छोड़ दिया है। उसके पास गांव के तीन-चार

और लोगों के खेतों में हल चलाने का जिम्मा है। अगले दो-तीन दिनों में यदि उसे रुपये नहीं मिले, तो हमारे खेतों में उसकी दिलचस्पी बिल्कुल ही खत्म हो जायेगी। मिस्त्री भी तब से तीन चार बार आ चुका है रुपये लेने। बच्चों को भी तो पन्द्रह तारीख तक स्कूल की फीस जमा करनी थी। आज तक तो वह बच्चों को किसी तरह मनाकर बेमन से स्कूल भेजे जा रही थी, लेकिन आजकल में यदि मनीऑर्डर नहीं आता तो बड़ी मुश्किल में कहाँ जायेगी वह। इसी उधेड़ बुन में आज का आधा दिन भी बीत चुका था।

जब सुन्दरू के पिता घर आते, तो मोहन लाल से जो भी काम करवाओ, वह हर पल तैयार रहता। पिछली बार की होली में मोहन लाल ज्यूठांण के खेतों के पुस्ते से नीचे गिर गया था, तो सुन्दरू के पिता ने अकेले ही उसे कंधे पर लादकर चार मील दूर अस्पताल तक पहुँचाया था।

यद्यपि मामला हल्की-फुल्की चोट में ही टल गया, क्योंकि नीचे गोबर का ढेर लगा था, जिसमें गिरने से वह और अधिक चोटिल होने से बच गया। कुछ दिन बाद मोहन लाल जब हमारे चौक में आया, तो टोपी उतार कर सुन्दरू के पिता के पाँवों में रखकर कह रहा था कि 'काका नहीं होते तो उस दिन मर ही जाता मैं। काकी, ये अहसान जिन्दगी भर नहीं भूल पाऊँगा। काका के मेरे ऊपर पहले भी इतने अहसान हैं कि अब मैं आपके खेतों में बिना रुपये लिये हल जोतूंगा।' उस दिन मोहन लाल की बातें सुनकर रंजू खूब हंसी थी।

सुन्दरू के पापा घर आते तो मोहन लाल उनके ही इर्द-गिर्द मंडराता रहता। वह जब भी घर आते तो एक पेटी फौजी रम लेकर आते और घर का कामकाज करने वालों को पिलाते रहते। हल लगाने वाले से लेकर लकड़ी फाड़ने वाले तक सबके सब दोगुना

उत्साह के साथ काम करते और इसके साथ ही घर में यकायक चहलकदमी बढ़ जाती। रंजू को भी अच्छा लगता। लोग कम से कम उन दिनों तो उसकी व उसके परिवार की खैर खबर पूछते हैं। किन्तु आज घर के चौक की मुंडेर पर अकेली बैठी रंजू ये नहीं समझ पा रही थी कि उसकी दुविधा का अन्त कैसे होगा? वह इतनी गहरी सोच में डूबी हुई थी कि उसे अहसास ही नहीं हुआ कि कब शाम के पांच बज गए और स्कूल से बच्चों के लौट आने का समय हो गया। बच्चों की चहल-पहल के बाद ही उसकी एकाग्रता टूटी।

आज का पूरा दिन भी मनीऑर्डर की प्रतीक्षा में पोस्टमैन की राह ताकते ही व्यतीत हो गया, तो रंजू अत्यधिक हताश हो गई थी, साथ ही तरह तरह की आशंकाओं व अनहोनी के खयालों से ही उसका पूरा बदन सिहर उठता था।

स्कूल से लौटने के बाद तीनों ही बच्चों ने कल फीस के पैसे न देने पर स्कूल न जाने की जिद पकड़ ली। मिस्त्री ने भी कल से घराट की मरम्मत का काम बीच में ही छोड़ देने का रैबार भिजवा दिया। शंकाओं, आशंकाओं के बीच उसने बुझे मन से किसी तरह हिम्मत जुटाकर बच्चों के लिये खाना बनाया और खाना खिलाकर तीनों को सुला दिया, किन्तु स्वयं उसकी तो भूख व नींद दोनों ही न जाने कहाँ लुप्त हो चुकीं थी।

रात गहराती जा रही थी, किन्तु रंजू के कानों में तो आज शाम को कलावती सासूजी के कहे शब्द बार बार गूंज रहे थे कि 'ब्वारी! रवासन के गधेरे से लेकर तुम्हारे घराट के कोने तक पूरी की पूरी सार में कब की हल जुताई हो गई है, केवल तुम्हारे खेत ही बीच-बीच में बदरंग लग रहे हैं। मोहन लाल से कहकर कल सुबह ही सारे खेतों में हल लगवा लो। इस बार क्या हो गया इस मोहन लाल को? पहले तो सबका काम छोड़कर सबसे पहले लगा

दिया करता था तुम्हारा हल।'

रंजू सोचे जा रही थी कि ऐसी जग हँसाई तो पहले कभी नहीं हुई। हमारे खेतों में बुआई न होगी तो मैं किस तरह दुनिया को मुँह दिखाऊँगी? सारे लोग क्या कहेगें? सुन्दरु के पिता की साख भी तो मिट्टी में मिल जायेगी। नहीं, नहीं मैं ऐसा हरगिज नहीं होने दूँगी।

बीच-बीच में हिम्मत जुटाकर रंजू सोचती कि कल सुबह मधवा ससुर जी से हल जोतने के लिए विनती कर लेती हूँ, परन्तु पिछले महीने बच्चों की कॉपी किताब व स्कूल की पोशाक के लिये एक हजार रुपये भी तो उन्हीं से उधार लिये हैं। अब हल लगाने के लिए भी उन्हीं से कहूँगी तो वे क्या सोचेगें? सुबह उठकर रंजू गौशाला की तरफ जा रही थी कि तब तक मधवा ससुर जी स्वयं ही रास्ते में मिल गये।

'ब्वारी! हवलदार की चिट्ठी पत्री आई कि नहीं? अरे उसका मनीऑर्डर नहीं आया, तो इस मोहन लाल के भरोसे खेत बंजर ही छोड़ दोगी क्या? थोड़ी देर में बिजुन्डा (बीज का थैला) लेकर आ जाना, मैं अपने बैलों को लेकर बुआई करने टोलका व पलडुंगा के खेतों में पहुँच जाऊँगा। मधवा ससुर की बातों से रंजू की आँखें छलछला आई थी। उसे लगा कि कोई तो है गांव में, जो उसकी चिंताओं में शामिल है!

आज सुबह उसने खिलानधार में पोस्ट मास्टर जी के पास सुन्दरू को ये पूछवाने के लिए भेजा कि उनके पैसे आये क्या? तो सुन्दरू मायूस होकर लौटकर बताने लगा, 'मां! बिसनू दादा मुझे डांटते हुए बोले कि 'हमने खा लिए तुम्हारे पैसे? अरे! तेरे बाप ने मनीऑर्डर भेजा ही नहीं, तो मैं तुम्हें पैसे कहाँ से दूँ? हमारे यहां रुपयों के पेड़ लगे हैं, जो सारे गाँव में बटँवाता फिरूं? वहाँ कश्मीर जाकर पूछो, कहीं तेरे बाप ने दूसरी शादी तो नहीं कर ली?'

बिसनू की फटकार से मर्माहत सुन्दरू हताश मन से घर लौटा, तो रंजू ने उसे गले लगा लिया और बहुत देर तक उसका सिर सहलाते हुये उसे सांत्वना देती रही ताकि बाल-मन पर बिसनू के कड़वे बोलों का कुप्रभाव न पड़े। पोस्टमास्टर द्वारा कहे गये एक-एक शब्द यद्यपि जहरीले तीर की तरह उसके शरीर में चुभ रहे थे और मन करता था कि अभी खिलानधार जाकर पोस्टमास्टर की खबर ले, किन्तु दूसरे ही पल समाज तथा परिवार की प्रतिष्ठा का खयाल आते ही रंजू खुद ही फफक-फफककर रो पड़ी।

कई रोज बीत गए किन्तु सुन्दरू के पिता का मनीऑर्डर नहीं आया। मनीआर्डर की प्रतीक्षा करते-करते वह थक गई। मनीऑर्डर की आस में घर से लेकर खेत खलिहान तक आते-जाते वह पोस्टमैन को टकटकी लगाये देखती रहती, लेकिन अब तो पोस्टमैन ने उनके चौक से जाने का रास्ता ही बदल दिया। मोहन लाल, मिस्त्री, लकड़ी फाड़ने वाले यहाँ तक कि गांव के अधिकांश लोगों ने भी रंजू के घर की तरफ झाँकना भी बन्द कर दिया था। हाँ, संकट की इस घड़ी में मधवा ससुर जी और कलावती सासूजी जैसे दो-एक लोगों ने रंजू का हौसला बनाए रखा।

आर्थिक तंगी के बीच बड़ी बेचारगी व लाचारी में रंजू ने एक डेढ माह और गुजार दिए, लेकिन अब तक भी न तो कोई चिट्ठी आई और न ही मनीआर्डर मिला, तो तरह-तरह की अनिष्ट की आशंकाओं ने उसके मन-मस्तिष्क को झकझोर कर रख दिया। अब तो उसकी आशायें एकदम ही धूमिल हो गईं। बच्चे नमक में मंडवे की रोटी खाते, और बिना मीठे का दूध पीते। 'मम्मी!, पापा कब आयेंगे?' उनके मासूम किन्तु बोझिल सवालों का रंजू के पास कोई जबाव नहीं था। वह निरुत्तर हो, आकाश को ताकते शून्य में निहारती रह जाती और अतीत की परछाइयों में डूबती-तैरती सोचती कि काश! उसने मायके में पिता का कहना मानकर उस समय बी.

टी.सी. कर लिया होता, तो आज उसे कदापि यह दिन न देखना पड़ता।

रंजू को याद आ रहा था कि आज से लगभग बीस वर्ष पूर्व प्रथम श्रेणी में बारहवीं पास करते ही उसे और उसकी सहेली प्रभा को पौड़ी से बी.टी.सी. में प्रवेश हेतु आमन्त्रण पत्र एक साथ प्राप्त हुआ था। कितनी मिन्नतें की थी प्रभा ने उससे, बी.टी.सी. ज्वाइन करने हेतु। पिता ने भी फौज से चिट्ठी में बी.टी.सी. ज्वाईन करने की सलाह दी थी, किन्तु उसने किसी की एक नहीं सुनी थी और बी.टी.सी. करने से साफ इंकार कर दिया था। प्रभा की तो प्रशिक्षण समाप्त होते ही तुरन्त नौकरी भी लग गई थी और वर्तमान में वह उसी गाँव के समीपवर्ती हाईस्कूल में प्राध्यापक पद पर थी। वह सोचती रह गई थी कि काश! आज उसने भी सहेली व परिवार वालों का आग्रह मानते हुये स्वावलम्बन की प्रेरणा ली होती, तो वह भी अवश्य किसी स्कूल में शिक्षिका के पद पर होती और आज उसे तथा उसके परिवार को ये दुर्दिन न देखने पड़ते।

अपनी परिस्थितियों से सबक लेते हुये रंजू ने सुन्दरु के साथ-साथ अपनी दोनों ही पुत्रियों को स्वावलम्बी बनाने का प्रण कर लिया था, ताकि जो गलती उसने स्वयं की है, उसके बच्चों के साथ उसकी पुनरावृत्ति न हो।

शाम को बच्चों के साथ चौक में बैठी रंजू सोच में डूबी थी कि अचानक सुन्दरू के पिता के बूटों की पदचाप सुनाई दी। बूटों की आहट सुन रंजू की ठहरी हुई जिन्दगी में यकायक जैसे नवजीवन का संचार हो गया था। सामने उसने सुन्दरू के पिता को खड़ा पाया, तो निढाल होकर उनकी बांहों में गिर पड़ी। सुन्दरू ने माँ को सहारा दिया और सुन्दरू के पिता ने उसे गले से लगा लिया। एक मूक संवाद और उसका अनोखा अहसास, मानो रंजू के दु:खों के पहाड़ एक ही झटके में भर-भराकर गिर पड़े हों।

'मैं पिछले महीने मनीआर्डर नहीं भेज सका। तुझे दुःख उठाने पड़े होंगे।' सुन्दरू के पिता बोले।

'किसने कहा मुझे दुःख उठाने पड़े? मनीआर्डर नहीं आया, न सही। भुम्याल देवता की कृपा से आप सकुशल आ गये, इससे बड़ी बात क्या है मेरे लिये।' रंजू शान्त स्वर में पति की बाँहों में झूलती हुई बोली।

माता-पिता के प्रेमालाप से बेखबर सुन्दरू और उसकी बहिनें पापा का बैग खोलकर उसमें कुछ ढूंढने की कोशिश कर रही थी।

अभी कुछ क्षण पूर्व तक वीरान पड़े रंजू के घर और चौक में फिर से चहल-पहल प्रारम्भ हो चुकी थी, जिनमें बिसनू पोस्टमास्टर से लेकर पोस्टमैन, गाँववाले, मोहन लाल, मिस्त्री, लकड़ी फाड़नेवाले सभी सम्मिलित थे, कोई नहीं थे तो सिर्फ मधवा ससुर जी और कलावती सास जी।

बेजुबान

'केदार बाबा की कृपा हुई, तो अगले साल हमारा अपना घोड़ा होगा।' ऐसा कहते हुए पुष्कर की बातों में एक आत्मविश्वास झलक रहा था। उसकी आँखों की चमक देखकर केशर को मानो संजीवनी मिल गई। 'हाँ यार! हम हमेशा मालिक की ही बंधुवा मजदूरी नहीं करते रहेंगे, कभी तो हमारे भी दिन बहुरेंगे। यात्रा सही चली तो भोले बाबा की कृपा से हमारी किस्मत भी संवर जायेगी।'

'भगवान से दुआएँ करो कि यात्रा ठीक ठाक चले। पिछले साल की अपेक्षा रिकार्ड तोड़ तीर्थयात्री बाबा केदारनाथ के दर्शनों को पहुँचें।'

पिछले कई सालों से फाटा के मंगलराम के दो घोड़े नीलम और भूरी केदारनाथ की चढ़ाई तथा उतराई नाप रहे हैं। पुष्कर और केशर तेरह-चौदह की उम्र से ही इन घोड़ों को हाँd रहे हैं। आज सुबह चार बजे से अब तक उनके घोड़े लगभग साठ मील चल चुके हैं।

सुरेश चन्द जैसे ही घोड़े पर सवार हुए तो घोड़े की चाल से उन्हें लगा कि घोड़ा बेमन से चल रहा है। उन्होंने पुष्कर से सवाल किया 'सुबह से घोड़ों को कुछ खिलाया भी है?'

सुरेश चन्द इंसानों ही नहीं, बेजुबान पशुओं के प्रति भी उतने

ही संवेदनशील हैं। उन्होंने केशर व पुष्कर को कहा 'तुम्हारे घोड़े भूखे पेट हैं, इनके लिए पास की दुकान से चने ले आओ।' उन्होंने सौ रुपये का नोट केशर को थमाते हुये चने लाने को कहा।

'रहने दो साब! हम खुद खरीद कर खिला देंगे', ऐसा कहते हुए उसकी जुबान से लाचारी साफ झलक रही थी। झिझकते हुए बोला, 'कल शाम से मालिक नहीं आया, साब, इसलिए घोड़ों को कुछ खिला नहीं पाये।'

'श्रेया! मुझे लगता है कि केदारनाथ की यात्रा हमें पैदल ही करनी चाहिए। आखिर इन बेजुबान पशुओं पर अपना भार लाद कर हम कौन सा पुण्य कमा लेंगे, ये मेरी समझ से परे है।' सुरेश चन्द ने अपनी पत्नी से मुखातिब होकर कहा।

'रहने दीजिए! इस तरह की बातें करेंगे, तो दुनिया में एक कदम चलना भी मुश्किल हो जायेगा। घोड़े की तो चित्त प्रकृति ही इंसानों या सवारी को ढोने की है। वह हमें नहीं तो किसी और को ढोयेगा, किन्तु खाली नहीं जायेगा जज साहब! आप अपनी फिलॉसफी को फिलहाल अपने ही पास रहने दीजिए।' तर्कपूर्ण प्रत्युत्तर में श्रेया ने कहा।

जज साहब अपनी प्रोफेसर पत्नी श्रेया चन्द के इस तरह के जबाब से निरुत्तर थे और इस बीच जब तक पुष्कर और केशर घोड़ों को चने खिलाकर लौटते, दोनों पति-पत्नी दार्शनिक अंदाज में एक दूसरे की जिज्ञासाओं तथा आशंकाओं पर सवाल-जबाव कर रहे थे।

'शास्त्रों में स्पष्ट लिखा है कि वही यात्रा सफल होती है, जिसमें शरीर को अधिक से अधिक कष्ट हो। ऐसे में तो केदार बाबा के दर्शनों का पूरा पुण्य इन घोड़े-खच्चरों को ही मिलेगा। घोड़े पर सवार होकर केदारनाथ जी के दर्शन करने से पुण्य के वास्तविक भागीदार तो ये बेजुबान पशु ही हैं।'

पति-पत्नी की बातचीत के बीच ही केशर और पुष्कर पहुँच गए। उधर तप्पड़ में हरी-हरी घास चर रहे घोड़ों को जब चने खाने को मिले, तो उन्हें देख कर ऐसा लग रहा था मानों बहुत ही स्वादिष्ट दावत छक रहे हों। जज साहब की पत्नी श्रेया बोली 'भले ही ये निरीह और बेजुबान पशु बोल नहीं पाते, लेकिन उनकी खुशी को तो हम देख सकते हैं, देखो तो, सारे चने वे दो मिनट में चट कर गए।'

सुरेश चन्द जी घोड़े पर फिर से सवार होकर बम-बम भोले का उद्घोष कर आगे बढ़ने लगे। जय बाबा केदार! जय भोले शंकर! घोड़ों में चने तथा चने व कुछ पल हरी घास खाने के बाद घोड़ों में एक नई स्फूर्ति आ गई। नीलम और भूरी कुलांचे भरती हुई सी केदारनाथ मार्ग की चढ़ाई चढ़ने लगी।

'एक दिन में कितने चक्कर लगाते हैं तुम्हारे घोड़े?'

'दो तीन चक्कर लग जाते हैं साब।'

'मालिक तुम्हें और घोड़ों को खाना तो देता होगा?'

'देते हैं लेकिन वो गुप्तकाशी गये हैं, इसलिए घोड़ों के साथ हम लोग भी भूखे ही हैं।'

'तुम्हें महीने में पगार देता है?' सुरेश चन्द जी ने फिर पूछा।

'तीन सौ रुपये देता है साब मालिक।'

'कोई दूसरा काम क्यों नहीं करते? हमारे साथ चलोगे मुम्बई?'

'नहीं साब! नहीं, हम यहीं ठीक हैं।'

'यहां क्या ठीक है?'

'अपना घर गाँव है साब! और सबसे बड़ी बात ये है कि अपना गढ़वाल छोड़ने का मन नहीं करता।' केशर की बातों में एक दृढ़ता देख जज साहब चौंक पड़े और सोचने लगे कि इतनी विषम और प्रतिकूल परिस्थितियों में भी अपनी मातृभूमि के प्रति कितना अनुराग है इनमें! अपनी जन्मभूमि के प्रति इस अलौकिक लगाव

को देखकर पलभर वह सोचने को विवश हो गये कि इन मनोरम व स्वप्निल पहाड़ियों का आकर्षण कैसे किसी को यहाँ से जाने देगा? हम सैलानी के रूप में आये और यहाँ के प्राकृतिक सौन्दर्य के मोहपाश में अनायास ही ऐसे बंध गए कि सच में तो हमारा भी मन नहीं करता मुम्बई लौटने का। फिर इनकी तो यह जन्म भूमि है। ये लोग कैसे यहाँ से बाहर जाने की सोच सकते हैं। जज साहब ऐसा सोच ही रहे थे कि केशर ने उनकी तंद्रा भंग करते हुए कहा।

'हमारे पहाड़ आपको अच्छे नहीं लगते साब?'

'क्यों नहीं? अच्छे नहीं लगते तो यहाँ दूसरी बार क्यों आते हम? अब तो मन करता है कि हम भी यहीं के होकर रह जायें। वास्तव में कुदरत ने कितनी फुर्सत और उदारता के साथ यहाँ के प्राकृतिक सौन्दर्य को निखारा है।'

सुरेश चन्द तथा उनकी पत्नी श्रेया ने घोड़े वालों को रुकने के लिए कहा और एक जगह पर रुक कर पहाड़ी सौन्दर्य को निहारने लगे।

'श्रेया! लोग कहते हैं कि पृथ्वी पर कहीं स्वर्ग है, तो वो कश्मीर है, परन्तु मुझे तो लगता है कि 'उत्तराखण्ड के पहाड़' ही असली स्वर्ग हैं। यहाँ के दूर-दूर तक पसरे हुए मनोहारी बुग्याल, सुन्दर फेनिल झरने, कल-कल निनाद करती सर्पीली नदियाँ और सीढ़ीनुमा खेतों में लहलहाती फसलें वास्तव में किसका मन नहीं मोह लेंगे?' जज साहब दार्शनिक अंदाज में प्रकृति को निहारते हुये बोले।

'देखो तो! सामने उस पहाड़ी से निकल रहा झरना कितना सफेद है, जैसे बर्फ ऊँचे प्रपात से गिर रही हो और नीचे नदी में बह रहा पानी कितना स्वच्छ! जी चाहता है कि हमेशा के लिये पहाड़ की इन्हीं वादियों की होकर रह जाऊँ और यहाँ की प्रकृति में अपने को समाहित कर दूँ। कहीं दूर...जहाँ दुनिया जहान की

चिंताएं न हों, रोज-रोज की आपाधापी से मुक्त इस प्राकृतिक सौन्दर्य में अपने आप को एकाकार कर दूँ।' श्रेया भी पहाड़ों के अप्रतिम सौन्दर्य से सम्मोहित होकर बोल उठी।

'जितनी अच्छी प्रकृति, उतना ही अच्छा लोगों का मन, गंगा की तरह निश्चल व पवित्र! नीलम और भूरी को देखिए...इंसानों की तरह आचरण कर रहे हैं। लगता है जैसे मानवीय व्यवहार को अच्छी तरह समझते होंगे। कितने संवेदनशील, अपने मालिकों के प्रति इतना संवेदनशील तो इंसान कभी हो ही नहीं सकता, जितने संवेदनशील ये निरीह व बेजुबान जानवर हैं।' जज साहब और उनकी पत्नी के बीच वार्तालाप का सिलसिला जारी था। केशर और पुष्कर कुछ ही दूरी पर बैठे बीड़ी फूँकते हुये हँसी मजाक में व्यस्त थे और सोच रहे थे कि चलो, इसी बहाने थोड़ी देर के लिये ही सही, कमर सीधी करने का मौका तो मिला।

'कितने प्रसन्नचित हैं ये लोग। दिनभर मेहनत करने और भूखे पेट होने के बावजूद भी कितने खुश हैं। आखिर इनकी खुशी का राज क्या है? शायद इनकी जन्मभूमि की माटी, या फिर प्रकृति का यह सौन्दर्य?'

जज साहब तनिक आँखें बन्द कर ऐसा सोच ही रहे थे कि पास ही पहाड़ी पर चर रही नीलम का पाँव फिसल गया और वह सीधे नीचे दो सौ मीटर से अधिक की गहराई में गिरकर नदी के पत्थरों में लुढ़क गई। उसके शरीर ने कुछ देर हरकत की और फिर अचानक सब कुछ शांत हो गया। पल भर में ही एक अजीब सा सन्नाटा पसर गया था वहाँ।

हड़बड़ाये केशर और पुष्कर ने तुरन्त ही पहाड़ियों पर कूदते हुये नदी की ओर दौड़ लगाई, किन्तु तब तक बहुत देर हो चुकी थी। भूरी ने उचक कर नदी किनारे शान्त पड़े हुये नीलम के शरीर को देखा और उसकी आँखों से अश्रुधारा बह निकली।

जज साहब और उनकी पत्नी ने चौंक कर भूरी की तरफ देखा, तो अनायास ही उनकी आँखें भी भर आईं। नदी किनारे केशर और पुष्कर नीलम के शरीर पर हाथ फेरते हुये फफक-फफक कर रो रहे थे।

केशर और पुष्कर को सांत्वना देकर एक पल के लिये भूरी के पास जाकर उसकी पीठ और गले पर हाथ फेरकर, उसी की जुबान में संवेदना व्यक्त करते हुये जज साहब अपनी पत्नी सहित अश्रुपूरित नयनों से पैदल ही बाबा केदार के दर्शनार्थ अपनी उस यात्रा पर प्रस्थान कर गये, जिसका पुण्य वे पहले ही इन बेजुबान पशुओं को समर्पित कर चुके थे।

नकेल

अगस्त्यमुनि का फुटबाल मैदान। हजारों लोगों की भीड़ इकट्ठा थी आज यहाँ पर। किन्तु फुटबाल मैच देखने के लिये नही, वरन अपनी धरती और माटी के पर्यावरण की रक्षा के लिये!

'अगर पर्यावरण संरक्षण की बात करते हैं, तो सब पर समान रूप से कानून लागू होना चाहिए। क्या बड़े लोगों के सामने कानून की धाराएं, उपधाराएं बौनी पड़ जाती हैं? अगर नहीं तो उनको सजा क्यों नहीं होती? वे क्यों बिना रोक-टोक पर्यावरण को जब-तब क्षति पहुँचाते रहते हैं? मैं तो साफ तौर कहना चाहता हूँ कि अगर इस देवभूमि के पर्यावरण को बचाना है, तो सबसे पहले यहाँ आने वाले धनकुबेरों पर नकेल कसनी होगी।' पुरुषोत्तम प्रसाद ने अपने सम्बोधन में जब ये बातें कहीं, तो अगस्त्यमुनि का मैदान उपस्थित हजारों महिलाओं और पुरुषों की तालियों की गड़गड़ाहट से गूँज उठा।

इस बीच केदारनाथ तक हैलीकॉप्टर चलाने वाली दो कम्पनियों के शीर्ष अधिकारी तथा पर्यटन और जिला प्रशासन के आला अधिकारी मौके पर पहुँच चुके थे और आते ही उन्होंने अगस्त्यमुनि के मैदान में पिछले सात दिनों से तम्बू गाड़कर आमरण-अनशन पर बैठे युवा नेता पुरुषोत्तम प्रसाद को जबरन उठाकर बेस हॉस्पिटल में

दाखिल करने की नाकाम कोशिश प्रारम्भ कर दी थी, जिसका वहाँ एकत्रित हजारों-हजार जनता ने यह कह कर विरोध कर दिया कि 'इस देवभूमि में सैकड़ों श्रीदेव सुमन पैदा होंगे, जो अपनी जान की बाजी लगाकर भी इस देवभूमि के पर्यावरण और उसकी अस्मिता को खतरा किसी भी कीमत पर पैदा नहीं होने देंगे। पहाड़ हमारे सरोकारों के प्रतीक हैं। पहाड़ हमारे स्वाभिमान एवं प्रतिष्ठा के मूलाधार हैं, पहाड़ हमारे चरित्र एवं आचरण की पवित्रता और कर्मठता के प्रतीक हैं। पहाड़ों के पर्यावरण से खिलवाड़ करने वालों को किसी भी कीमत पर बर्दाश्त नहीं किया जायेगा।'

और पुरुषोत्तम को जबरिया उठाने वालों को जन-बल ने बैरंग लौटा दिया था। अपनी माटी के प्रति लोगों के उत्साह के आगे पुलिस बल को मुँह की खानी पड़ी थी।

दूसरे दिन समाचार पत्रों में खबर छपी थी 'हवाई सेवा का विरोध करने वालों को पुलिस ने खदेड़ा।' पुरुषोत्तम ने जब एक स्थानीय दैनिक में काले मोटे अक्षरों में छपे इस समाचार को पढ़ा, तो वह दंग रह गया। 'बिक गये हराम जादे! इन अखबारों का कोई ईमान धर्म नहीं। पैसे और विज्ञापन के लिए अपने बाप का ही सर कलम कर दें। अरे! कोई बताए कि हवाई सेवा का विरोध करने वालों को पुलिस ने खदेड़ा अथवा यहाँ एकत्रित जनमानस ने पुलिस को? अब तो खाकी रंग का कोई परिंदा भी यहाँ आएगा, तो उसकी भी खैर नहीं।'

दूसरे दिन पुरुषोत्तम के नेतृत्व में हजारों आंदोलनकारियों ने उस हैलीपैड को ही खोद डाला। 'जंगल हमारा, जमीन हमारी और हक किसी और का? पहाड़ हमारा, पर्यावरण हमारा, इसे ऐशगाह कैसे बनने देंगे?' लोगों में जबरदस्त आक्रोश पनप चुका था, जो किसी भी क्षण ज्वालामुखी बनकर फूट पड़ने को बेसब्र था।

'पैसों के दम पर पहाड़ खरीदने चले हैं। यहाँ के पर्यावरण को

तहस-नहस करना चाहते हैं? ऐसा हम जीते जी हरगिज होने न देंगे।'

डी.एम. ने आंदोलनकारियों को वार्ता के लिए बुलाकर कहा, 'पुरुषोत्तम जी! अगर केदारनांथ के दर्शन लोग हवाई-सेवा से करना चाहते हैं तो इसमें आपको आपत्ति क्या है? अच्छा ही तो है कि लोग हवाई-सेवा से भगवान के दर्शन करना चाहते हैं।'

'सर, बहुत फर्क पड़ता है और तो और लोगों की गाय भैंसों ने दूध देना बंद कर दिया है। हवाई जहाज की तीखी और कर्कश आवाज से स्थानीय बेजुबान पशुओं को कितना नुकसान उठाना पड़ रहा है, इसका आकलन किया है कभी आप ने? आपको तो केवल उच्च क्रय-क्षमता वाले पर्यटकों की सुविधाओं की फिक्र हैं। पहाड़ के गरीब लोगों की चिंताओं से आपका क्या सरोकार?

यह भूमि चिपको आंदोलन की भूमि रही है। यहाँ के लोगों ने पर्यावरण को अपनी जान से भी अधिक तवज्जो दी है और हम किसी भी हालत में यहाँ हवाई सेवा शुरू होने नहीं देंगे। सरकार चाहती है कि एक तरफ हवाई सेवा से यात्रियों को इन तीर्थो तक पहुंचाया जाये, दूसरी तरफ इस देवभूमि की संस्कृति एवं परम्पराओं को तहस-नहस करने की साजिशें रची जा रही हैं, ताकि इस क्षेत्र की कोई पारम्परिक पहचान जीवित न रह जाये और यहां के लोगों का वजूद ही समाप्त हो जाए।'

पुरुषोत्तम की बातों से डी.एम. साहब तैश में आकर झल्ला पड़े और कह उठे, 'तुम लोग कूप-मण्डूक बने रहना चाहते हो। अरे नेता जी! कुछ दिनों के लिये इधर-उधर जाकर बाहरी दुनिया भी देखो, लोग कितने एडवांस हो गए हैं? आपको केवल अपनी परम्पराओं की लगी हुई है। परम्परायें समय के साथ-साथ बनती बिगड़ती रहती हैं और सच मानें तो परम्पराओं में कोई स्थायित्व भी नहीं होता है। जो लोग अपनी रूढ़ परम्पराओं को ढोते रहते हैं,

यकीन मानिये, वे कभी भी विकास की दौड़ में शामिल नहीं हो सकते हैं। अगर पर्यटक केदारनाथ तक हवाई-सेवा से आना चाहते हैं, तो इससे इस पहाड़ी क्षेत्र की संस्कृति पर क्या दुष्प्रभाव पड़ेगा? ऐसी दकियानूसी बातों को आप लोग रहने दीजिये और थोड़ा प्रगतिशील बनकर देखिये, आपको सब कुछ अच्छा ही अच्छा नजर आयेगा। सच कहूँ, तो परम्परा और परिवर्तन मेरी नजरों में एक-दूसरे के पूरक हैं।'

'ये उपदेश आप किसी और को देना।' हमारी संस्कृति और परम्पराओं की चिंता आपको हो भी कैसे सकती है? क्योंकि आप जैसे अधिकारियों की आंखों पर भौतिकवादी सोच का चश्मा जो लगा है? जरा ये चश्मा उतार कर तो देखिए, फिर आप भी समझ जायेंगे।' तैश में आकर पुरुषोत्तम बोले।

'आप हर मंच से दावा करते फिरते हैं कि पर्यटन को रोजगारोन्मुखी बनायेंगे, किन्तु तनिक बता पाएंगे कि हेलीकाप्टर से केदारनाथ आने वाले यात्रियों से यहाँ के स्थानीय बेरोजगारों को कैसे रोजगार प्राप्त हो सकता है? अरे! हेलीकाप्टर में आने वाले तो सारी चीजें अपने साथ बाहर से लाकर उसके अवशिष्ट को यहाँ फेंक कर न सिर्फ यहाँ की वादियों तथा फेनिल झरनों को प्रदूषित कर रहे हैं, बल्कि महानगरों की गन्दगी को यहाँ तक लाकर इस देवभूमि की माटी तथा यहाँ की समृद्ध परम्पराओं का सरासर अपमान भी कर रहे हैं। यहाँ की जब वे एक चाय तक नहीं पी रहे हैं, तो उनके यहाँ आने से क्या लाभ? उल्टे इन जंगलों के दुर्लभ जीवों और स्थानीय काश्तकारों के पालतू जानवरों के भी जान के लाले पड़ गए हैं जब से ये हवाई सेवायें शुरु हुई हैं।'

पुरुषोत्तम के नेतृत्व में हेलीकॉप्टर सेवा का विरोध पूरे चरम पर था। लोगों ने मन पक्का कर लिया था कि वे अब किसी भी कीमत पर अपनी धरती के ऊपर हेलीकॉप्टर उड़ने नहीं देंगे।

अन्ततः शासन-प्रशासन को आंदोलनकारियों के अडिग निश्चय के सम्मुख घुटने टेकने ही पड़ गये और उन्हें हवाई सेवा स्थगित करने को बाध्य होना पड़ा।

हवाई-सेवा स्थगन का आदेश जारी होने पर पुरुषोत्तम तथा वहाँ पर एकत्रित हजारों लोगों की भीड़ ने चैन की सांस ली। अगस्त्यमुनि के उस ऐतिहासिक मैदान में उपस्थित प्रत्येक व्यक्ति के मन में इस बात की खुशी थी कि अब पहाड़ का पर्यावरण, सुविधाओं के नाम पर भौतिकता की अंधी दौड़ में शामिल इन धनकुबेरों की अय्याशी के साधन स्वरुप सरेआम नीलाम न होगा।

जय बद्री विशाल! जय बाबा केदार! के उदघोष से पूरा वातावरण गुंजायमान हो गया था।

एक यक्ष-प्रश्न

'नर सेवा ही नारायण सेवा है! किसी का दुःख हरना एक बहुत बड़ा धार्मिक अनुष्ठान है, पूजा है। मात्र अपने लिए तो एक जानवर भी जीता है, लेकिन वह इंसान ही क्या जो अपने आसपास के वातावरण के प्रति इतना भी संवदेनशील न हो कि दीन-हीन तथा रुग्ण लोगों के प्रति उसका दिल न पसीजे?' गोपाल की इन बातों से गिरीश के उद्वेलित, उपेक्षित एवं कुंठित मन को कितनी शांति मिली होगी इसकी कल्पना नहीं की जा सकती।

'लेकिन गुरू जी! ये सब जो आप कह रहे हैं, वह तो कहीं दिखता ही नहीं। समाज में कुष्ठ रोगियों के प्रति जो अस्पृश्यता का भाव लोगों के दिलो-दिमाग में है, उसे कैसे दूर किया जाए? यही असली यक्ष-प्रश्न है, जिसका उत्तर शायद आचार्य देव! आपके पास भी न हो।'

ठीक ही तो कहता है गिरीश। पूरे दस वर्ष बीत चुके हैं गोपाल द्वारा स्थापित किये गये इस 'नर सेवा नारायण सेवा' आश्रम को। दो हजार से अधिक कुष्ठ रोगी रह रहे हैं यहाँ।

आश्रम की स्थापना उसे क्यों करनी पड़ी, इसकी भी एक लम्बी कहानी है। गोपाल नहीं चाहता था कि जीवन के अन्तिम क्षणों में जो उपेक्षा और पीड़ा उस के बाबा को सहनी पड़ी, वह

किसी और को भी भुगतनी पड़े।

गिरीश आज अपने पिता को इस आश्रम में लेकर आया था, उसकी व्यथा सुनकर गोपाल को अपने बीते दिन याद आ गये।

सियोली गांव की वह नौखम्भा तिबार अब सूनी पड़ चुकी है। उसके खंडहर तथा पत्थरों की नक्काशी बताती है कि अपने जमाने में कभी यह इमारत बुलंद रही थी। मकान के छज्जे के नीचे लगे पत्थरों पर हाथी, घोड़े, मोर तथा अन्य जगंली जानवरों के चित्र खुदे हुए हैं। इन सुन्दर पत्थरों पर बनी कलाकृतियां भवन-स्वामी के वैभव और समृद्धि के साथ ही तत्कालीन समय की बेजोड़ स्थापत्य कला की कहानी खुद ब खुद बयां करती हैं। कभी जीवन की चहल--पहल, हर्ष व उल्लास के क्षणों का साक्षी यह विशाल भवन आज जगंली जीवों, चूहों, बिल्ली व कुत्तों की सैरगाह बन चुका है। कितनी चहल-पहल रहती थी उनके घर में!

गांव भर की सभी गतिविधियों का केन्द्र रहती थी उनकी तिबारी। छोटे-बड़े सभी उनके चौक में इक्कठा हो जाते थे। उत्सव और त्यौहारों के मौके पर गाँव परिवार के लोगों के ठहाकों से तिबारी गूँजती थी। सचमुच! जीवन के उत्साह, उमंग व उम्मीदों के इन्द्रधनुषी रंग मानों भगवान ने गोपाल के खुशहाल घर में उड़ेल कर रख दिये हों। कितनी हंसी-खुशी से जीवन की डोर खिंच रही थी उसके बाबा की। पूरी धनपुर पट्‌टी में अपनी अलग पहचान थी उनकी। इलाके भर के सभी विद्वजन उनके सामने नतमस्तक होते थे। ज्योतिष, कर्मकाण्ड, श्रीमद्‌भगवत गीता तथा वेदों-उपनिषदों के मर्मज्ञ थे वे।

रामचरित मानस की चौपाइयों एवं श्रीमद्‌भगवत गीता के श्लोक सहित वेदों की ऋचाओं के उपाख्यान उन्हें कठंस्थ याद रहते थे, इसीलिए 'मानस-मर्मज्ञ', 'भागवत-मर्मज्ञ' तथा देवऋषि जैसे अंलकरणों से लोग उन्हें संबोधित करते। लोग कहते, लक्ष्मी

और सरस्वती का आपस में बैर है, किन्तु उनके घर में लक्ष्मी और सरस्वती का एक साथ वास था।

बाबा के धारा प्रवाह प्रवचनों पर लक्ष्मी की वर्षा होती थी, दूध, फल, सब्जियों तथा अन्न का अकूत भण्डार। श्रद्धालु यजमान अच्छी-अच्छी चीजें व मूल्यवान वस्तुएं ढो-ढोकर उनके घर तक पहुँचाने में अपना सौभाग्य समझते और बाबा की सेवा को अपने लिए वरदान मानते।

ज्योतिष में तो उनकी इतनी पकड़ थी कि लोग उन्हें त्रिकालदर्शी कह कर पुकारते। भूत, भविष्य व वर्तमान के लिये लोगों के बारे में उनकी टिप्पणियाँ बड़ा महत्व रखती थी। उन्होंने जीवन में कभी भी पंचांग नहीं खरीदा। वे हमेशा अपना बनाया पंचांग ही प्रयोग में लाते। अंक गणित से वे खगोलिक गतिविधियों की जानकारी रखते और ग्रहों की दिशा एवं दशा ज्ञात करके व्यक्ति के जीवन में उसके पड़ने वाले प्रभावों का गहन अध्ययन करने के बाद जब ठोस टिप्पणी करते तो लोग उनके ज्योतिष ज्ञान के कायल हो जाते।

एक बार जम्मू-कश्मीर के तत्कालीन महाराजा ने उन्हें अपने यहाँ श्रीमद्भागवत का प्रवचन करने के लिए आमन्त्रित किया। उनकी विद्वता तथा वाकपटुता से महाराजा इतने अविभूत हो गए कि उन्होंने वहाँ की चौदह बीघा जमीन के साथ ही उस पर लगे सेब के बागान भी उन्हें भेंट कर दिये। कुछ वषों तक वहाँ के बगीचों से बेचे गये फलों के पैसे मनीऑर्डर के जरिए बाबा को आते रहे।

बगीचे की रखवाली के लिए जिस व्यक्ति को उन्होंने वहाँ चौकीदार रखा था, वही आज वहाँ का मालिक बन गया। अब उसके बीबी-बच्चे कहते हैं कि ये उनकी पुस्तैनी जमीन है। भारत-पाक विभाजन के बाद तो वहाँ के हालात और खराब हो गये।

बाद में बाबा ने सोचा कि गढ़वाल की जमीन ही नहीं देखी जा रही है, तो जम्मू-कश्मीर कौन जायेगा आतंकियों से जूझने? जहाँ बंदूक के खौफ से अब पूरी घाटी कांप रही है। अब कहाँ वह जमीन गई होगी और कहाँ वे सेब के बागान? भगवान जाने!

दरअसल उसके बाबा ने सम्पूर्णानन्द संस्कृत विश्वविद्यालय से नव्य व्याकरण एवं ज्योतिष में आचार्य किया था। उन्हीं दिनों उन्होंने वेदों की ऋचाओं, उपनिषदों, श्रीमद्भागवत गीता, रामायण, रामचरित मानस आदि का इतना गहन अध्ययन किया कि इन धार्मिक पवित्र ग्रन्थों का अध्ययन करते-करते उनके मन में वैराग्य उत्पन्न हो गया।

उन्होंने पच्चीस साल की युवावस्था में ही शास्त्री और आचार्य कर तमाम धार्मिक ग्रन्थों का गहन अध्ययन कर लिया था। छब्बीसवें साल में उनका तन-मन पूरी तरह कर वैरागी बन गया। अब वे लगातार घूम-घूमकर धार्मिक जन-जागरण करने लगे। गांव से दादी ने बाबा को ढूंढने के लिए लोगों को बनारस, वृंदावन तथा मथुरा भेजा। बाद में ताऊजी ने उन्हें भगवा भेष में पकड़ लिया और जबरन घर ले आये।

घर आकर कुछ दिनों तक वे असामान्य रहे, किन्तु जैसे ही उनकी जबरन शादी कराई गई तो वे सामान्य होते चले गये और शीघ्र ही गांव और समाज के लोगों के लिए वे आदर्श बन गये। फिर उनका संदेश था कि लिबास से बैरागी नहीं, वरन मन से बैरागी बन जाओ और अपने इन्हीं सात्विक व सद्आचरण युक्त विचारों से उन्होंने लोगों का दिल जीत लिया। यही कारण था कि उनके कहे का लोगों पर त्वरित प्रभाव पड़ता था।

शायद किस्मत के लिखे को कोई भी नहीं टाल सकता। उनके सद्आचरण की मर्मज्ञता नियति के लिखे को नहीं टाल पाई। एक दिन अचानक उन पर कुष्ठ रोग के लक्षण दिखे, तो लोगों को

अपनी आंखों पर विश्वास ही नहीं हुआ। श्रद्धालु यजमान सोचते कि वे कोई बड़ा दुःस्वप्न देख रहे हैं। ज्यों-ज्यों उनके शरीर पर कुष्ठ रोग का असर बढ़ता गया, त्यों-त्यों श्रद्धालु यजमानों की श्रद्धा उनके प्रति कम होती चली गई।

एक साल के अन्तराल में ही उनका मान-सम्मान, श्रद्धा, विश्वास तथा लोगों की भक्ति उनके प्रति समाप्त हो गई और जीवन के अंतिम क्षणों में वे गाँव की रूढ़ीवादी परम्पराओं और अंधविश्वास के शिकार हो गये। गांववालों ने जब एक दिन भरी पंचायत में सुरेशानंद आचार्य को गांव छोड़ने का फरमान सुनाया, तो उनके परिवार पर जैसे दिनदहाड़े वज्रपात हो गया।

गोपाल को लगा जैसे एक युग सा ठहर गया हो, सांसें रुक गई और जीवन का सुर, बेसुरा राग बन गया। गांव के पार मंगरा के खेतों की छोर पर बांज के पेड़ों की छांव में उनके लिए एक झोंपड़ी तैयार की गई। उस झोंपड़ी में उन्हें तन्हा छोड़ दिया गया। यहाँ तक कि खाना भी उन्हें दूर से दिया जाने लगा।

उनके जीवन के पूरे कालखण्ड पर दृष्टिगत करते हुए गोपाल को लगता कि स्वर्ग और नरक दोनों का अहसास मनुष्य को प्रायः अपने जीते जी ही मिल जाता है। उनके इस जीवन के कर्म इतने पवित्र थे कि उन्हें इस तरह के नरक जैसी यंत्रणा नहीं मिल सकती थी, लेकिन उन्हें किन कारणों से इतनी बड़ी सजा भगवान ने दी, यह लोगों की समझ से परे था।

कुछ लोगों ने कहा कि यह पूर्वजन्म के कर्मो का प्रतिफल है। कुष्ठ जैसे असाध्य रोग से लड़ते-लड़ते उन्होंने गाँव के पार बनी उसी झोंपड़ी में एक रात दम तोड़ दिया। गोपाल को बाबा के पास जाने से किस प्रकार रोका गया था! लोग कहते कि 'यह छूत की बीमारी है तुम्हें भी लग जायेगी।'

गांववालों ने गोपाल को बाबा का क्रिया कर्म भी करने नहीं

दिया। सबने कहा कि कुष्ठ रोगी को आग में जलाओगे, तो पूरे क्षेत्र में आग के धुएं के साथ कुष्ठ रोग फैल जायेगा, इसलिए पास के गधेरे में ही उन्हें दफना दिया गया था। बाबा के मरने के बाद भी गोपाल के परिवार से गांववालों की बेरुखी कम नहीं हुई। समाज में उनको लोगों की हेय नजरों का सामना करना पड़ा। गोपाल के मन में कुष्ठ रोगियों के प्रति सेवाभाव, सच मानिए तो, यहीं से जागृत हुआ था। समाज की उपेक्षा और बाबा के अपमान के दंश ने उसके अन्दर नये गोपाल का प्रादुर्भाव किया।

गोपाल की तन्द्रा टूटी, तो उसने गिरीश को अपने पास पाया। कुछ ही पलों में आदमी सोच-सोचकर बरसों पुरानी अतीत की स्मृतियों में कैसे डूब जाता है? वह सोचने लगा। सचमुच कितने दुःखद तथा मानसिक यंत्रणादायक दिन थे वे! लेकिन अब अन्य कोई गोपाल या उसका परिवार उस तरह की यंत्रणा नहीं झेलेगा, यह निश्चय वह कर चुका था।

उसने गिरीश को बताया कि इस 'नर सेवा नारायण सेवा आश्रम' में इस समय दो हजार से अधिक कुष्ठ रोगी हैं, जिनकी सेवा व उपचार चल रहा है। इसके साथ ही उन्हें शारीरिक ही नहीं, मानसिक तौर पर भी समाज में सम्मान से जीने योग्य बनाने हेतु निरंतर प्रयास किया जा रहा है।

गिरीश के कुष्ठ रोगी पिता को अपने आश्रम में प्रवेश कराने के पश्चात गोपाल बोला 'ये तुम्हारे ही नहीं बल्कि मेरे भी पिता हैं और इन जैसे हजारों हजार कुष्ठ रोगियों की सेवा करना ही मेरा धर्म और मेरे जीवन का एकमात्र लक्ष्य है।'

पिता को आश्रम में छोड़ने के बाद वहाँ से निकलकर गिरीश सोचते हुए जा रहा था कि हमारे रुढ़िवादी समाज द्वारा ठुकराये गये इन बेसहारा, निराश्रित मनीषियों की सेवा करते हुये ही गोपाल को शायद अपने इस यक्ष-प्रश्न का उत्तर मिल जाये...!

गरीबी हटाओ

'अरे सरजू चल उठ! आज भी काम पर नहीं चलना क्या?' रामदीन ने सरजू की झोंपड़ी के अन्दर घुसते हुए कहा।

'चल रहा हूँ। पिछले एक हफ्ते से घर में पड़ा हूँ। आज भी अगर काम पर नहीं जाऊँगा तो बच्चों को कैसे पालूंगा?' सरजू ने धीमी आवाज में कहा।

'क्या बात है, अभी भी तबियत ठीक नहीं लग रही तेरी?'

'ठीक ही है। खांस खांसकर पूरा बदन दुःख रहा है। फिर भी पहले से ठीक है।' और सरजू रामदीन के साथ झोंपड़ी से बाहर निकल आया।

सरजू अपनी पत्नी और तीन छोटे-छोटे बच्चों के साथ रेलवे पटरी से जुड़ी झोंपड़ बस्ती में रह रहा था। दो साल पहिले गांव में पड़े भीषण अकाल के बाद, अन्न के एक-एक दाने के लिये तरस गये परिवार को लेकर सरजू मजदूरी करने हेतु शहर चला आया था। तब से पूरे दो बरस हो चुके हैं, सरजू गाँव वापिस नहीं जा पाया।

पिछले कुछ दिनों से सरजू काफी थकान महसूस कर रहा था। शाम होते ही हल्का सा बुखार आ जाता और बदन टूटने लगता। अस्पताल से दवाई लेकर कुछ दिन तो काम पर जाता रहा, लेकिन

जब बुखार बढ़ने लगा और साथ में खांसी भी होने लगी तो काम पर नहीं जा पाया।

दो साल की मेहनत मजदूरी से पाई-पाई जोड़कर जो पैसा बचाया था, उसका एक हिस्सा तो इसी एक हफ्ते में खत्म हो गया था। सरजू चाहता था कि कुछ पैसा बचा पाये तो वापिस अपने गाँव लौट पायेगा। शहर के इस घुटन भरे माहौल में हमेशा के लिए रहना नहीं चाहता था वह।

दो-तीन दिन तो सब ठीक चला किन्तु चौथे दिन ही रामदीन ने घर आकर सूचना दी कि सरजू काम करते-करते अचानक बेहोश हो गया। उसे अस्पताल में भर्ती कराया गया है। खबर मिलते ही सरजू की पत्नी रामदेई तीनों बच्चों को रामदीन की पत्नी के पास छोड़कर अस्पताल की ओर भागी।

डॉक्टर के अनुसार सरजू के दोनों फेफड़ों में संक्रमण था और अगर अब उसने कुछ दिन आराम नहीं किया तथा पूरा इलाज नहीं करवाया तो उसकी जान को भी खतरा हो सकता है।

एक सप्ताह सरजू अस्पताल में भर्ती रहा और इस एक सप्ताह में बाकी की जमा पूँजी भी समाप्त हो गई। उल्टे पड़ोसियों का कर्ज भी चढ़ गया। डॉक्टर के अनुसार सरजू को कम से कम एक महीने का आराम और छः महीने तक इलाज करवाना अति आवश्यक था।

अब क्या होगा? सरजू और रामदेई के सामने यह यक्ष प्रश्न था। पर रामदेई ने हार नहीं मानी। आस-पास के कुछ लोगों से मिल कर दो तीन घरों में सफाई का काम ढूंढ लिया। लेकिन अब समस्या छः माह के पुत्र को संभालने की थी। आरम्भ में तो रामदेई उसे अपने साथ ले जाती और घर के बाहर ही बरामदे में उसे लिटा देती, लेकिन घर के मालिकों द्वारा आपत्ति करने के बाद उसके पास बच्चे को घर पर छोड़ने के अलावा कोई चारा नहीं रह गया था।

दोनों बड़ी बेटियां, जो कि क्रमशः पांच व तीन वर्ष की थीं, के सहारे छः माह के बेटे को छोड़कर रामदेई ने काम करना आरम्भ कर दिया।

सरजू को घर में रहते हुए पन्द्रह दिन हो चुके थे, किन्तु उसकी हालत में अपेक्षानुरूप सुधार नहीं था। डॉक्टर को दिखाया गया तो उसने सलाह दी कि दवाइयाँ काफी तेज हैं इसलिए सेहतमन्द और प्रोटीनयुक्त भोजन लेना आवश्यक है। ऐसी तंगहाली में जबकि जी तोड़ मेहनत के बाद भी रामदेई की थोड़ी सी कमाई में भरपेट भोजन ही मुश्किल हो पा रहा था, सरजू की सेहत के लिये प्रोटीनयुक्त और विटामिनयुक्त टॉनिक खरीदना कतई संभव नहीं था।

घर की हालत यह हो गई थी कि दवाइयों के लिए भी अब पैसा नहीं था। कर्ज भी मांगते तो किससे और कितनी बार? सभी लोगों की स्थिति उन्हीं की तरह तो थी। रामदेई ने कुछ और घरों में काम पर जाने का प्रयास किया, किन्तु सफलता नहीं मिल पाई।

एक महीना होते-होते ही सरजू की दवाइयां बन्द हो गईं। उसकी स्थिति इलाज के अभाव में बद से बद्तर होती जा रही थी। अब तो वह बिस्तर से उठ पाने की स्थिति में भी नहीं था। रामदेई जो कमाती उससे दो जून की रोटी भी मुश्किल से चल पाती। सरजू के सीने में तीखा दर्द उठने लगा था और अब तो खांसी के साथ कभी-कभी खून भी गिरने लगता था।

दो महीने इसी दर्द को भुगतने के बाद आखिर सरजू ने इस दर्द से मुक्ति पाई और अपने गांव वापिस जाने की चाह मन में लिए सरजू इस दुनिया से विदा हो गया।

रामदेई के सिर पर तो पहाड़ टूट पड़ा। इस बेगाने शहर में अपनों से इतनी दूर वो छोटे-छोटे बच्चों के साथ अकेली कैसे रहेगी? सरजू के अन्तिम संस्कार के बाद जब रामदेई काम पर गई,

तो पता चला कि उसकी जगह मालिकों ने किसी और को काम पर रख लिया है। आखिर इतने दिनों की गैरहाजिरी कैसे कोई बर्दाश्त करता?

रामदेई को अब नये सिरे से काम तलाश करना था। घर में अन्न का एक दाना भी नहीं था। बच्चों पर दया कर रामदीन की पत्नी कुछ खाने को दे जाती थी।

रामदेई अभी काम की तलाश में दर दर भटक ही रही थी कि तभी एक नई मुसीबत आ खड़ी हुई। जिस बस्ती में सरजू की झोंपड़ी थी, वह गैर कानूनी ढंग से कब्जाई गई रेलवे विभाग की सम्पत्ति थी। अब कोर्ट से उस सरकारी जमीन को तुरन्त खाली करवाने के आदेश प्राप्त हो चुके थे। बस्ती में मुनादी कर दी गई थी कि एक सप्ताह के अन्दर सभी अपनी झोंपड़ियां खाली कर दें, अन्यथा उन्हें बुल्डोजर चलवाकर जबरन हटा दिया जायेगा।

सभी लोग सिर छुपाने हेतु दूसरा ठिकाना ढूँढ़ने में व्यस्त थे। इस उथल-पुथल के बीच किसी का भी ध्यान इस ओर नहीं गया कि रामदेई अपने तीनों मासूम बच्चों को लेकर कहाँ जायेगी? क्या करेगी?

चार दिन बीत चुके थे। रामदेई के घर में अन्न का एक दाना भी नहीं था। स्वयं तो वह किसी तरह पानी पी-पीकर अपना पेट भर रही थी, लेकिन बच्चों का क्या करे? बेटियाँ तो किसी तरह से अपने आप को शान्त रखे थी लेकिन छोटा बेटा भूख के मारे लगातार चिल्लाये जा रहा था। जब रो-रोकर थक गया तो बेहोश हो गया।

इसी बीच बस्ती हटाने को लेकर राजनीति आरम्भ हो गई थी और कई राजनीतिक पार्टियों के नेता अपने वोट बैंक को सुरक्षित करने के लिए बस्ती वालों के पक्ष में सभाएँ करने लगे थे।

अपनी स्वार्थ सिद्धि के अतिरिक्त किसी को भी किसी की

भावनाओं की कोई परवाह न थी। सांत्वना और संवेदना के बोल नेताओं के भाषणों तक ही सिमट कर रह गये थे।

कहीं धर्म के नाम पर तो कहीं जाति एवं संप्रदाय के नाम पर अपना वोट बैंक पक्का करने की चाहत लिये जगह जगह टैंट लगवाकर लम्बे चौड़े भाषण पीटने वाले नेताओं अथवा उनके पिछलग्गुओं के पास रामदेई जैसी बेसहारा महिलाओं व उनके परिवार की सुध लेने की फुर्सत कहाँ थी? प्रशासनिक व सामाजिक उपेक्षा का दंश तो वह पहिले से ही झेल रही थी।

रामदेई के लिए अपनी भूख बर्दाश्त करना तो आसान था, लेकिन बच्चों की स्थिति उससे देखी नहीं जा रही थी। इस जीने से तो मर जाना कहीं ज्यादा अच्छा है, इसी उधेड़बुन में अंततः रामदेई ने उस रात एक ऐसा फैसला कर लिया जो मानवीय सरोकारों के प्रति संवेदनशील होने का ढोंग रचने वाले नेताओं के साथ ही हमारे जिम्मेदार प्रशासन और सभ्य समाज के ठेकेदारों के मुँह पर करारा प्रहार कर गया था। बहुत दिनों से रामदीन की पत्नी रामदेई से नहीं मिल पाई थी। घर उजाड़े जाने की दहशत से वह भी परेशान थी। शाम को रामदेई और उसके बच्चों की खोज खबर लेने जब वह झोंपड़ी के अन्दर पहुंची तो वहाँ सबको बेसुध पड़ा देखकर उसकी चीख निकल गई।

घर के अन्दर रामदेई अपने तीनों बच्चों सहित मृत पड़ी थी। पोस्टमॉर्टम रिपोर्ट में चारों की मृत्यु जहर के सेवन से हुई थी। कई दिनों से पेट खाली होने के कारण जहर ने आसानी से तुरन्त असर कर दिया था। पिछले कई दिनों से भूख को निगलने को आतुर इस परिवार को आज भूख ही निगल गई थी।

अगले दिन सुबह ही परिवार के चारों सदस्यों का अंतिम संस्कार कर दिया गया। इस अजनबी शहर सें सरजू और रामदेई ने शीघ्र ही वापिस अपने घर लौट जाने की सोची थी लेकिन

परिस्थितियां उन्हें इन सब झंझावातों से ही सदा के लिये मुक्त कर गई थीं।

उधर दूसरी तरफ एक राजनीतिक पार्टी के नेता की जनसभा जारी थी। एक नेता चीख रहा था, 'आखिर हम सरकारी फरमान को झुकाने में कामयाब रहे, गरीबों की ये बस्ती अब नहीं उजाड़ी जायेगी। हमारी पार्टी गरीबों के उत्थान के लिए हमेशा प्रयासरत रही है और देश से गरीबी तथा भुखमरी हटाना हमारा प्रयास रहेगा।'

सच ही तो कह रहा था वह! यदि गरीब भूखे पेट रामदेई और उसके बच्चों की तरह इसी प्रकार हटते रहे, तो एक न एक दिन गरीबी तो सदा के लिये अपने आप ही हट जायेगी न...।

राम प्रसाद जी

'और रामप्रसाद जी कैसे हो?' कुन्दन सिंह ने रामप्रसाद की दुकान पर रखे बेंच पर बैठते हुये पूछा।

'सब भगवान की कृपा है और तुम बताओ, आज सुबह-सुबह कैसे इधर आ गये।'

'पौड़ी जा रहा हूँ। प्रकाश का इण्टरव्यू है। उसकी नौकरी लग ज़ाये तो हमारी समस्याओं का अन्त हो जाये।' 'कुन्दन प्रसन्नता से बोला।

अरे ये तो बहुत अच्छी खबर है। इसी खुशी में मेरी तरफ से चाय पियो।' फिर प्रकाश को आवाज लगाते हुए रामप्रसाद बोले। 'अरे प्रकाश! बेटा तू भी आ, मेरे हाथ की चाय पीकर जा, तेरा काम जरूर सुफल हो जायेगा।'

'नहीं चाचा! चाय नहीं पीऊँगा। आपका आशीर्वाद ही काफी है।' प्रकाश ने रामप्रसाद को प्रणाम करते हुए कहा।

तभी जीप आ गई और दस सवारियों वाली जीप में सत्रह अठारह लोग भेड़-बकरियों की तरह भर गये। नीचे पाँव टिकाने की भी जगह न मिलने पर कुछ लोग जीप की छत पर बैठ गये।

'इन यात्रियों का तो भगवान ही मालिक है। जब कोई दुर्घटना होती है तो कुछ दिन तक तो उसका असर रहता है, बाद में फिर

वही 'ढाक के तीन पात।' रामप्रसाद दुकान में बैठे व्यक्ति से बोला।

'कह तो तुम ठीक रहे हो लेकिन क्या करें हम भी? बस तो एक ही चल रही है इस क्षेत्र में। अब इन्हीं जीपों का सहारा है। उसका भी ये लोग पूरा फायदा उठाते हैं। जीप वाले तो कहते हैं कि डीजल बहुत मंहगा हो गया है, इसलिये इस मंहगाई के जमाने में एक बार में दस बारह सवारियों से क्या गुजर बसर हो पायेगी।'

थोड़ी ही देर में पहाड़ी रास्ते पर हिचकोले खाती जीप आँखों से ओझल हो गई।

लगभग एक घण्टे बाद पड़ोस के गांव का एक लड़का दौड़ता हुआ आया और बोला कि 'वह जीप जो सुबह यहां से निकली थी, आगे सुनार गाँव के गधेरे के पास उसका एक्सीडेंट हो गया है और जीप में आग लग गई है।'

रामप्रसाद उस समय चाय बना रहे थे। दुर्घटना की खबर सुनते ही उन्होंने वैसे ही स्टोव को बन्द किया और उस लड़के के साथ दुर्घटना स्थल की ओर चल दिये। 'चल बेटा! पैदल रास्ते से थोड़ी देर में ही हम वहाँ पहुंच जायेंगे। पता नहीं क्या हाल हुआ होगा लोगों का?'

रामप्रसाद की गाँव के पास ही तीन-चार दुकानों वाले छोटे से बाजार में दुकान थी, जिसमें वे जरूरत की सारी वस्तुयें रखते थे। मोटर रोड़ पर दुकान होने के कारण आस-पास के गाँव वालों का वहाँ बराबर आना-जाना लगा रहता था, परन्तु रामप्रसाद का ध्यान तो दुकान में कम और समाजसेवा में अधिक लगता था। आस-पास के गाँव का कोई भी व्यक्ति ऐसा नहीं था जिसका दुःख दर्द उन्होंने न बांटा हो।

रामप्रसाद की कोई आस औलाद न थी। गाँव में थोड़ी सी कृषि योग्य भूमि थी, जिसे पत्नी के जिम्मे छोड़ रामप्रसाद अपनी दुकान और समाजसेवा में व्यस्त रहा करते थे।

अक्सर उनकी दुकान खुली रहती, किन्तु रामप्रसाद जी किसी न किसी के काम से दुकान से गायब रहते। इस बात पर कई बार घर में कलह भी हो जाती, फिर भी रामप्रसाद के कान पर जूं न रेंगती। समाजसेवा का जुनून उनके सिर चढकर बोलता और वे तुरन्त दुकान खुली छोड़कर किसी के साथ भी निकल पड़ते।

दुर्घटना स्थल पर पहुँचते ही रामप्रसाद के रोंगटे खड़े हो गये। जीप बुरी तरह जल चुकी थी और जो लोग जीप के अन्दर बैठे थे, वे भी तो दम तोड़ चुके थे अथवा सत्तर से अस्सी प्रतिशत तक झुलस चुके थे। जो लोग छत पर बैठे थे, या जीप पकड़ कर बाहर की ओर लटक रहे थे, वे भाग्यशाली रहे और इस हादसे में बच गये थे। प्रकाश भी अपने पिता को जीप के अन्दर बैठाकर स्वयं छत पर बैठ गया था। प्रकाश ने तो किसी तरह छत से कूद कर अपनी जान बचा ली, लेकिन उसके पिता जीप के अन्दर ही फंसकर बुरी तरह जल गये थे। उनकी साँसें मात्र ही चल रही थीं।

दुर्घटना के तीन घण्टे बाद ही घायलों को प्राथमिक उपचार नसीब हो पाया। उन्हें किसी तरह से वाहन का इन्तजाम कर पौड़ी जिला चिकित्सालय ले जाया गया। रामप्रसाद भी घायलों के साथ अस्पताल पहुँच गये। मण्डल मुख्यालय में स्थित मुख्य चिकित्सालय होते हुये भी वहाँ पर इतनी तक सुविधा उपलब्ध नहीं थी कि बुरी तरह जले हुए जख्मियों का प्राथमिक उपचार भी संभव हो सके।

अस्पताल की इन्हीं अव्यवस्थाओं के बीच दो दिन के अन्दर दो और घायलों ने दम तोड़ दिया। इस स्थिति को देखते हुए शेष घायलों के सम्बंधियों ने उन्हें देहरादून ले जाना उचित समझा, किन्तु प्रकाश क्या करता? उसके पास न तो पैसा था और न ही ऐसा कोई सम्बंधी, जो पिता के इलाज में उसकी मदद कर सके। नौकरी के लिये इण्टरव्यू से घर के लिए कुछ आस बंधी थी, इस दुर्घटना के कारण वह भी संभव नहीं हो पाया और नौकरी की

आस में हाथ आया अवसर निकल चुका था। दूसरी ओर उचित इलाज के अभाव में पिता की स्थिति लगातार बिगड़ती जा रही थी।

यद्यपि रामप्रसाद जी अपनी हैसियत के अनुसार प्रकाश की मदद कर रहे थे, लेकिन उनकी भी तो सीमायें थी। प्रकाश की आंखों से बहते गरीबी और लाचारी के आँसू देखकर उनसे रहा नहीं गया था। अगले दिन वे जिले के उच्च अधिकारियों से मिलकर समय बीत जाने के उपरान्त भी प्रकाश को इण्टरव्यू दिलवाने में सफल रहे। प्रकाश की परिस्थिति को मद्देनजर रखते हुए उसका इण्टरव्यू तो हो गया, लेकिन प्रकाश को यह मात्र एक औपचारिकता ही लग रही थी।

सुबह लौट आने का वादा कर उसी शाम रामप्रसाद जी गाँव वापिस चले गये। अब प्रकाश अत्यधिक हताश हो गया। उसे महसूस होने लगा कि पैसे और इलाज के अभाव में उसके पिता अब ज्यादा दिन शायद जिन्दा नहीं रह पायेंगे।

परन्तु अगली सुबह जब रामप्रसाद एम्बुलेन्स की व्यवस्था कर प्रकाश के पास आकर बोले, 'चल बेटा प्रकाश! कुन्दन को देहरादून ले जाना है।' तो प्रकाश के आश्चर्य की सीमा न रही और उसकी हताशा आशा में तब्दील होने लगी।

'लेकिन चाचा ये सब कैसे....?' प्रकाश ने आश्चर्य से पूछा, किन्तु रामप्रसाद ने उस समय कोई जबाव न दिया।

पिता को देहरादून पहुँचाकर प्रकाश को लगा कि शायद अब उचित इलाज से वे ठीक हो जायेंगे। अब उसे ये बात साल रही थी कि रामप्रसाद चाचा ने पैसे का इन्तजाम कहाँ से किया होगा?

दो दिन दर्द से जूझने के बाद अन्ततः प्रकाश के पिता ने दम तोड़ दिया। दरअसल इलाज में देरी के कारण उनका संक्रमण इतना बढ़ चुका था कि डॉक्टर लाख प्रयत्नों के बाद भी कुछ नहीं कर पाये।

प्रकाश देहरादून में ही अपने पिता का अंतिम संस्कार कर व्यथित मन से गाँव वापिस लौट आया। पन्द्रह-बीस दिन बाद प्रकाश को किसी ने बताया कि उसके नाम कोई चिट्ठी पोस्ट ऑफिस में आई है। उसने सोचा कि डाकिया तो पता नहीं कब तक चिट्ठी पहुँचायेगा, वह स्वयं ही पोस्ट ऑफिस चला गया। रास्ते में वह सोचता जा रहा था कि शायद किसी और नौकरी के लिये इण्टरव्यू का संदेश हो।

बाजार पहुँचकर उसने देखा कि रामप्रसाद चाचा की दुकान पर ग्राम प्रधान का बेटा बैठा है। पहले तो उसने सोचा कि चाचा गये होंगे फिर किसी दुःखी व्यक्ति की सेवा करने, इसलिये ये वहां बैठा होगा। लेकिन फिर उसने ध्यान से देखा तो दुकान की स्थिति ही बदल गई थी और सामान भी पहले से कहीं अधिक था।

'अरे राजू! रामप्रसाद चाचा कहाँ गये हैं?' उसने दुकान पर बैठे लड़के से पूछा।

'उनके बारे में तो मुझे पता नहीं, लेकिन इतना तो पता है कि ये दुकान अब हमारी है।' राजू बेरुखी से बोला।

'क्या?' प्रकाश चौंक पड़ा 'ये दुकान तुम्हारी कब हुई और कैसे?'

'तुझे नहीं पता क्या? अभी बीस पच्चीस दिन पहले रामप्रसाद चाचा इस दुकान को रातों-रात हमें बेच गये थे'।

'तुझे तो पता होना चाहिए तेरे पिता के इलाज के लिए ही तो दुकान बेची थी उन्होंने। इतना निर्गुणी है तू कि अब आश्चर्य प्रकट कर रहा है।' राजू के स्वर में व्यंग्य था।

प्रकाश को मानों साँप सूंघ गया हो। तो उसके पिता के इलाज का खर्च इस तरह उठाया चाचा ने! लेकिन अब स्वयं क्या कर रहे होंगे? कैसे अपना खर्चा चलायेंगे? यही सोचते हुए प्रकाश खिन्न मन से पोस्ट ऑफिस की ओर चल दिया।

पत्र पढ़कर उसकी खुशी की सीमा न रही। जो इण्टरव्यू वह पिता की बीमारी के दौरान राम प्रसाद चाचा के सहयोग से देकर आया था, उसमें उसका चयन हो गया था। सबसे पहले यह खबर वह रामप्रसाद चाचा को देना चाहता था।

सौभाग्य से वे उसे पोस्ट ऑफिस के बाहर ही मिल गये। उन्हें देख प्रकाश की आँखों से आँसू निकल आये। प्रकाश के हाथ में पत्र और आंखों में आँसुओं की धार देखकर रामप्रसाद एक पल के लिये घबरा गये। वे कुछ पूछ पाते, इससे पहले ही प्रकाश ने पत्र उनके हाथ में थमाया और उनके पैरों में गिर पड़ा। गला रुंध गया था उसका।

पत्र पढ़ते ही रामप्रसाद ने प्रकाश को उठाकर अपने सीने से लगा लिया। 'अरे पगले! खुशी के मौके पर रो रहा है। आज कुन्दन की मेहनत रंग लाई है और तेरी कामयाबी पर ऊपर बैठा वह भी अवश्य खुश हो रहा होगा आज।'

'लेकिन चाचा, आपने ऐसा क्यों किया? क्यों अपनी रोजी मेरे पिताजी के इलाज के लिए बेच दी? क्या मुंह दिखाऊंगा मैं सब को? कैसे चलाएंगे अब आप अपना खर्चा?'

'अरे हमारा क्या है? दो प्राणी तो हैं। खेती में ही गुजारा हो जाता है। अच्छा छोड़ इन बातों को। तू बता कब जाना है तुझे पौड़ी?' रामप्रसाद बात काटते हुए बोले।

'कल ही जाऊँगा, चाचा जी! नियुक्ति सम्बंधी सारी औपचारिकतायें भी पूरी करनी होंगी। प्रकाश अपने आंसू पोंछते हुए बोला। परन्तु मन ही मन वह एक दृढ़ भी निश्चय कर चुका था।

उधर दुकान बेचने के बाद रामप्रसाद की स्थिति भी अच्छी न थी। दो जून की रोटी तो किसी तरह चल जाती थी, किन्तु कुल मिलाकर माली हालत अच्छी न थी। घर जाओ तो पत्नी के ताने सुनने को मिलते थे, घर से बाहर निकलो तो बाहर वालों के।

उनकी पत्नी, जिसने हमेशा उसका साथ दिया था, दुकान बिक जाने के कारण रामप्रसाद से बहुत नाराज थी 'एक दिन तो तुम मुझे भी इसी तरह बेच कर सड़क पर खड़ा कर दोगे।' यह तो रामप्रसाद को रोज ही सुनने को मिलता।

प्रकाश की नौकरी को छः माह बीत गए थे। इस बीच दो-तीन बार वह गाँव भी आ चुका था, परन्तु एक बार भी रामप्रसाद को नहीं मिला। लोग जान-बूझकर रामप्रसाद को कुरेदते 'सुना है प्रकाश घर आया था अपनी माँ से मिलने! तुम्हें तो मिला ही होगा? सुना है शहर जाकर काफी बदल गया है?'

'अच्छा! मुझसे तो नहीं मिला। जल्दी में रहा होगा। नई-नई नौकरी है। छुट्टी भी तो नहीं मिलती' रामप्रसाद प्रकाश की तरफ से सफाई पेश करते नजर आते।

'अरे, तुम उसके अपने तो हो नहीं, जो तुमसे मिलने आयेगा। अपनी माँ से मिलने आया है। सिर्फ एक तुम ही पागल थे जो उसके पिता के इलाज के लिये अपनी दुकान तक बेच दी।' लोग रामप्रसाद को अपने अपने तरीके से समझाने का प्रयास करते। 'कैसी बातें करते हो तुम लोग? मैंने कुछ पाने के लिये यह सब नहीं किया था। मेरा कर्तव्य निःस्वार्थ सेवा करना है। मैंने जो कुछ किया उसे ऊपर वाला देख रहा है', राम प्रसाद कह तो देते किन्तु कहीं अन्दर से उन्हें भी लगता कि आखिर प्रकाश से उन्होंने कभी कोई अपेक्षा तो नहीं की? क्यों वह उनसे मिलने से कतरा रहा है?

इसी तरह पूरा एक वर्ष व्यतीत हो गया। अब तो रामप्रसाद जी भी सोचने लगे कि दुनिया कितनी स्वार्थी है कि अपना काम निकल जाने के बाद दुआ सलाम तक करना भी भूल जाती है।

समय बीतता गया और रामप्रसाद दिन भर का अपना अधिकांश समय दीन दुःखियों और जरूरतमंदों की सेवा करने में इधर-उधर भटकते हुये बिता देते, किन्तु रात होते ही पत्नी के व्यंग्य बाण वे

सहन नहीं कर पा रहे थे। धीरे-धीरे अब उनका स्वास्थ्य भी जबाब देने लगा था। प्रकाश का खयाल आते ही कहीं न कहीं उनको स्वार्थसिद्धि वाली बात कचोटती रहती।

रविवार का दिन था। प्रकाश सुबह-सुबह ही रामप्रसाद जी के घर आ पहुँचा। प्रकाश को देखते ही उनकी पत्नी ने तो मुँह फेर लिया, किन्तु रामप्रसाद जी ने उसे प्यार से गले लगाया और अपने पास बिठाकर नौकरी संबन्धी बातें करने लगे।

कुछ देर रामप्रसाद जी के घर में बैठकर प्रकाश इधर-उधर की बातें करता रहा और फिर यकायक बोला, 'चाचा, आपको अभी मेरे साथ बाजार तक चलना है' और इतना कहकर तुरन्त उठ खड़ा हो गया था प्रकाश। उसकी बात सुनकर रामप्रसाद की पत्नी के जी में आ रहा था कि कह दूँ इससे कि पिछले डेढ़ बरस में तो तूने सुध नहीं ली इनकी, आज फिर कौन सा काम आन पड़ा है जो तुझे इनकी याद आ गई है? एक दुकान ही तो थी, जिसे वे तेरे बाप के इलाज के लिये पहले ही बेच चुके हैं। उनकी पत्नी प्रकाश से कुछ कह पाती इससे पूर्व ही रामप्रसाद जी ने अपना झोला और लाठी उठाई और बिना कुछ पूछे चल निकले प्रकाश के साथ। बाजार पहुंचकर प्रकाश ने रामप्रसाद जी को एक दुकान के आगे ले जाकर उसकी चाबी सौंपते हुये कहा, 'चाचा, ताला तो खोलो!' 'अरे बेटा! किसकी दुकान है ये? इसका ताला तू मुझसे क्यों खुलवा रहा है?' कांपते हुए हाथों से ताला खोलते हुए आश्चर्यमिश्रित शब्दों से पूछा था उन्होंने।

'अरे, किसकी दुकान में ले आया तू मुझे?'

'आपकी अपनी दुकान है चाचाजी' प्रकाश भावुक होते हुए बोला 'अभी नई-नई नौकरी है, इसलिये इतना ही कर पाया हूँ आपके लिए। इसे अपने बेटे की तरफ से नौकरी का पहला तोहफा समझकर स्वीकार कीजिये, चाचाजी! 'बेटा, लेकिन....रामप्रसाद जी

के मुँह से तो जैसे शब्द ही नहीं निकल पा रहे थे, गला रुंध गया था उनका।

'अब लेकिन-वेकिन कुछ नहीं। क्या आपके बेटे का आप पर इतना भी अधिकार नहीं?' प्रकाश दृढ़ता से बोला, तो रामप्रसाद जी ना नहीं कर पाये।

प्रकाश ने उन्हें बताया कि पोस्टऑफिस जाते हुये जिस दिन उसे पता चला था कि चाचा जी ने पिता जी के इलाज के लिये दुकान तक बेच दी, तो उसे अत्यधिक आत्मग्लानि हुई थी और उसी क्षण उसने स्वावलम्बी बनने का निश्चय कर लिया था। सौभाग्यवश उसी दिन उसकी नौकरी का नियुक्ति पत्र आ गया था, तो उसने उसी क्षण प्रण किया था कि अब तभी चाचा जी को शक्ल दिखायेगा, जब उनके लिये दुकान की व्यवस्था कर देगा। इस एक वर्ष के दौरान वह चार बार गांव आया अवश्य था, किन्तु अपने निश्चय के अनुसार उन्हें नहीं मिला। इस बात को सात आठ वर्ष व्यतीत हो चुके हैं। जिस स्थान पर रामप्रसाद जी की झोंपड़ीनुमा दुकान हुआ करती थी, वहाँ पर एक बड़ी सी पक्की दुकान बन चुकी है। प्रकाश का विवाह हो चुका है और जब भी वह गाँव आता है, बच्चों सहित रामप्रसाद चाचा की दुकान पर आना नहीं भूलता है, और उसके बच्चे तोतली आवाज में जब रामप्रसाद को दादा जी कह कर पुकारते हैं तो रामप्रसाद जी के चेहरे की रौनक देखते ही बनती है।

रामप्रसाद जी की समाज-सेवा आज भी निर्बाध रूप से बदस्तूर जारी है। अभी तो उन्हें न जाने कितने प्रकाशों की जिन्दगी और संवारनी हैं...।

पश्चाताप

'दादा जी, कल हमारे स्कूल में अभिभावक-शिक्षक बैठक है। आप आयेंगे न? हम चारों के लिये आप ही उपस्थित हो जाइएगा।' नन्हें सहुल ने चिन्तामणि के पास आकर कहा, जो शाम को प्रांगण में बैठकर एक पत्रिका का आनन्द ले रहे थे।

'अरे बेटा! तुम्हारी माँ चली जायेगी, अब की बार तुम्हारी शिक्षिका को उनसे तुम्हारी शिकायत कर लेने दो। तुम लोगों को ढेर सारी डाँट पड़ेगी तो बहुत मजा आयेगा।' चिन्तामणि बच्चों के साथ बच्चा बनते हुए बोले।

'नहीं दादा जी! हमको डाँट पड़ेगी तो क्या आप खुश होंगे? वैरी बैड, बहुत बुरी बात है।' नन्ही प्रेमा मुँह बनाते हुए बोली तो चिन्तामणि को हँसी आ गई।

'अच्छा तो ठीक है, मैं आऊँगा किन्तु एक शर्त पर। तुम्हारी शिक्षिका जो कुछ मुझे कहेंगी, वह सब मैं तुम्हारी माँ को बता दूँगा।' चिन्तामणि बनावटी गंभीरता ओढ़ते हुए बोले।

'ठीक है दादा जी!' और बच्चे मुँह बनाते हुए वहां से चले गये।

चिन्तामणि ने एक लम्बी साँस ली। अब यही बच्चे उनका एक मात्र सहारा थे। इन बच्चों को अच्छे संस्कार तथा अच्छी

शिक्षा दे सकें, यही उनके जीवन का लक्ष्य था। काश! ये सब वे पहले समझ पाते तो उनके ये बच्चे पिता के प्यार के बिना जिन्दगी बसर नहीं कर रहे होते।

एक समय में उनका भी हँसता-खेलता हुआ भरा पूरा परिवार था। परिवार में उनकी पत्नी सुधा और दोनों बच्चे, मोहित और राधिका।

चिन्तामणि सरकारी विभाग में उच्च पद पर कार्यरत थे। जहाँ मासिक वेतन के साथ-साथ आय के अन्य स्रोत भी स्वतः उत्पन्न हो जाते। इन स्रोतों का पूरा उपयोग करने से चिन्तामणि ने कभी गुरेज नहीं किया। इस सब के चलते चिन्तामणि घर की तरफ अधिक ध्यान नहीं दे पाते थे। उन्हें लगता था कि घर की हर समस्या का हल पैसे से स्वतः ही हो जायेगा।

घर पर समय न दे पाने का आरम्भ में उनकी पत्नी ने विरोध किया भी, किन्तु उसके बदले में घर में मिलने वाली हर प्रकार की सुख-सुविधाओं के मोह जाल में फँसकर पत्नी ने भी विरोध करना छोड़ दिया और समय व्यतीत करने के लिए सुधा ने अपनी ही जैसी परिस्थितियों में रह रही कुछ अन्य महिलाओं के साथ मिलकर एक क्लब बना दिया।

सप्ताह में एक दिन सभी लोग किसी के घर पर मिलते, जहाँ पर पति द्वारा कमाई गई अकूत दौलत का खुल कर प्रदर्शन होता। धीरे-धीरे सुधा इसी माहौल में रम गई और उसका घर से बाहर समय बिताने का दायरा बढ़ता चला गया। पति द्वारा येन-केन-प्रकारेण कमाई गई अथाह धन दौलत के प्रदर्शन का कोई भी मौका सुधा अपने हाथों से नहीं जाने देती थी।

बच्चे नौकरों और आया के भरोसे बड़े हो रहे थे। दोनों बच्चे जब तक छोटे थे, तब तक सब कुछ ठीक चलता रहा। घर में उनकी सुख सुविधा के लिए सभी कुछ उपलब्ध था। उनके लिये

अगर कुछ नहीं था, तो वह था, माँ और बाप का प्यार और उनका समय।

पैसे के दम पर दोनों बच्चे शहर के प्रतिष्ठित स्कूल में पढ़ रहे थे। घर पर भी उन्हें ट्यूशन पढ़ाने के लिए अध्यापकों की अच्छी व्यवस्था थी, लेकिन चिन्तामणि और सुधा दोनों को यह जानने की कतई फुर्सत नहीं थी कि बच्चे कर क्या रहे हैं?

समय इसी तरह बीत रहा था। दोनों बच्चे अब स्कूल की पढ़ाई समाप्त करने के बाद कॉलेज में आ गये थे। कॉलेज पहुँचते ही मोहित ने तुरन्त मोटर साईकिल की, माँग की तो दूसरे ही दिन एक आधुनिक डिजाइनर मोटर साईकल उसके लिये खरीद ली गई।

स्कूल में पढ़ने तक तो बच्चे अनुशासन में बंधे थे, किन्तु कॉलेज पहुँचते ही मानों उन्हें पंख लग गये। मोहित सारा दिन दोस्तों के साथ आवारगी करता और देर रात घर लौटता। घर में कोई टोकने वाला तो था नहीं। सो धीरे-धीरे उसे ड्रग्स लेने की आदत पड़ गई और उसकी जैसी प्रवृत्ति के लोगों का जमावड़ा उसके आस-पास बनता गया।

राधिका भावुक मिजाज की लड़की थी। कोई प्यार से दो वचन बोल दे, तो उसके लिए सब कुछ न्यौछावर करने को तैयार रहती थी। पिता ने कभी भूल से भी प्यार से उसके सिर पर हाथ फेरा हो, ऐसा उसे याद नहीं। कभी उसका मन होता था कि माँ की गोद में सिर रख कर उससे बहुत सारी बातें करे, लेकिन माँ को इतनी फुर्सत कहाँ थी।

जीवन में प्यार तलाशती राधिका की मुलाकात कॉलेज में मनीष से हुई। मनीष भी माँ-बाप का इकलौता बेटा था और नित नई नवेली लड़कियों से दोस्ती गांठना उसकी आदत में शुमार था। उसने राधिका की कमजोरी भांपकर उसने उससे दोस्ती करने का दिखावा किया, तो प्यार भरे दो बोल के लिए तरसती राधिका शीघ्र

ही उसकी बातों के जाल में फंस गई।

इस सबसे बेखबर चिन्तामणि पैसे कमाने में और सुधा अपनी पार्टियों में व्यस्त थी।

एक दिन घर में खबर आई कि मोहित को कॉलेज से ही पुलिस पकड़ कर ले गई है। मामला पता चला तो चिन्तामणि के पैरों के नीचे की जमीन निकल गई। मोहित के पास कई तरह की मंहगी ड्रग्स मिली थीं और पूरे इलाके में उसी के माध्यम से ड्रग्स का लेनदेन होना पाया गया था। चिन्तामणि ने पैसा पानी की तरह बहा दिया और अपने सभी सम्बंधों का इस्तेमाल करने के बाद ही वे किसी तरह मोहित की जमानत करवा पाये थे।

मोहित की इस स्थिति के लिए भी चिन्तामणि और सुधा एक दूसरे पर दोषारोपण करते रहे।

मोहित को कालेज से निकाल दिया गया था। कुछ दिनों तक तो वह यूं ही आवारागर्दी करता रहा, फिर उसका भविष्य भाँप कर चिन्तामणि ने उसके लिए इलेक्ट्रॉनिक सामान की एक एजेन्सी दिलवा दी और इस व्यापार को पूरी तरह मोहित के भरोसे छोड़कर फिर अपनी नौकरी में व्यस्त हो गये।

शुरूआत में तो मोहित ने ठीक काम किया। यकायक फिर दोस्तों की चौकड़ी जब उसके आसपास इकट्ठा होने लगी, तो देर रात नशे में धुत्त होकर घर लौटना फिर से धीरे-धीरे उसकी नियति बन गई, जहाँ उसे सम्भालने और समझाने के लिए कोई नहीं था।

इसी बीच राधिका के डील डौल में अनायास आए परिवर्तन को भांपते हुए आया ने जब सुधा को सत्यता बताई, तो सुधा और चिन्तामणि दोनों सकते में आ गये। राधिका पांच माह से गर्भवती थी। अब कुछ नहीं हो सकता था। मनीष विवाह नहीं करना चाहता था। उसके लिए यह कोई नई बात नहीं थी। चिन्तामणि ने पहले तो मनीष को धमकाकर विवाह के लिए मनाना चाहा। जब वह

नहीं माना तो चिन्तामणि और सुधा दोनों ने मनीष के पिता के पैर पकड़ लिये थे।

आखिर पिता और माँ के दबाब में मनीष राधिका से विवाह करने को सहमत हो गया।

इस प्रकरण ने चिन्तामणि और सुधा दोनों की चिन्ताएं बढ़ा दी। उन्हें कहीं तो आभास होने लगा था कि वे अपने बच्चों पर समुचित ध्यान नहीं दे पाये हैं।

मोहित की आदतें अब भी सुधरने का नाम नहीं ले रही थीं। व्यापार में भी वो लगातार घाटा उठा रहा था। बहू आयेगी तो शायद ये संभल जाये, यही सोचकर एक साधारण घर की सुशील लड़की से उसका विवाह करा दिया गया। परन्तु मोहित को नशे की इतनी अधिक लत लग चुकी थी कि उस पर किसी भी बात का कोई असर नहीं हो रहा था। सच तो यह था कि नशे के बगैर अब वह एक दिन भी नहीं जी सकता था।

इसी बीच राधिका ने पुत्र को जन्म दिया, किन्तु उसके चेहरे पर जो खुशी नजर आनी चाहिए थी, वह उल्लासपूर्ण खुशी गायब थी। बहुत अधिक कुरेदने पर भी उसने तो कुछ नहीं बताया, परन्तु एक साल बाद ही सब कुछ साफ हो गया। मनीष राधिका के साथ अक्सर मारपीट व गाली गलौज करता था। घर में मनीष की माँ थी, जिनका राधिका को एकमात्र सहारा था, लेकिन उनकी भी कोई नहीं सुनता था।

मनीष के अत्याचारों से तंग आकर आखिरकार राधिका अपने नौ माह के पुत्र को लेकर फिर कभी ससुराल वापिस न जाने के लिए मायके चली आई। राधिका उस समय एक बार फिर गर्भवती थी। मनीष और उसके परिवार ने उसके बाद कभी भी राधिका के बारे में जानने का कोई प्रयास नहीं किया। राधिका अपने दोनों बच्चों के साथ अब स्थाई रूप से मायके में ही रहने लगी थी।

दोनों बच्चों की यह स्थिति देख सुधा को भी अब अपराधबोध सालने लगा था। वह सोचती कि काश! उसने दोनों बच्चों को कुछ समय दे दिया होता और इनके बालमन ही बात सुनी होती, तो आज दोनों बच्चों की जिन्दगी यूं बर्बाद न हुई होती।

उधर चिन्तामणि को भी अच्छी तरह महसूस होने लगा था कि घर में सिर्फ ढेर सारा पैसा कमाकर दे देने से बच्चों की अच्छी परवरिश नहीं हो जाती। उन्हें तो माँ-बाप के समय और अच्छे संस्कारों की आवश्यकता अधिक होती है। नाजायज तरीके से कमाये गये धन ने ही उनके दोनों बच्चों की जिन्दगी तबाह कर दी थी।

मोहित अब तक किसी तरह से अपनी जिन्दगी को ढो रहा था। वह दो बच्चों का पिता था और अत्यधिक नशे के सेवन के कारण जिन्दगी की आखिरी सांसे गिन रहा था। आखिर एक दिन वह अपनी इस नारकीय जिन्दगी से मुक्ति पा गया और अपने दोनों बच्चों और पत्नी को सुधा और चिन्तामणि के सहारे छोड़ गया।

सुधा अपनी बेटी और बहू की इस परिस्थिति के लिये स्वयं को जिम्मेदार समझने लगी थी और इसी गम में उसने भी चारपाई पकड़ ली। मोहित के जाने के लगभग तीन वर्ष बाद ही सुधा भी चिन्तामणि के बूढे कन्धो पर पूरे परिवार की जिम्मेदारी डालकर स्वर्ग सिधार गई।

'अरे, दादाजी! आप तो रो रहे हैं। क्या हुआ?' राहुल ने आकर झकझोरा, तो चिन्तामणि की तन्द्रा टूटी।

'अरे नहीं बुद्धू! रो नहीं रहा हूँ। आँख में तिनका चला गया है शायद, इसी वजह से पानी बह रहा है।' चिन्तामणि अपना दर्द छुपाते हुए बोले।

'दादा जी! हम स्कूल जा रहे हैं। दिन में बैठक में आना मत भूलियेगा' और राहुल कूदता फांदता वहाँ से चला गया।

'जरूर आऊंगा बेटा! जो गलती एक बार कर चुका हूँ, उसे कदापि नहीं दोहरा सकता।'

'तुम लोगों को सही दिशा और अच्छे संस्कार देकर बेटी और बहू दोनों को तनिक भी सुकून पहुँचा सकूँ, तो यही मेरा सच्चा पश्चाताप होगा।' और चिन्तामणि की बूढी आंखे आत्मविश्वास से भर गई...।

आशियाना

रूक्मणी की आँख फिर खुल गई थी। हो सकता है सुबह हो गई हो! दूसरी तरफ बेटा, बहू और बच्चे गहरी नींद में सो रहे थे। रूक्मणी दबे पाँव बाहर निकल आई। बाहर भी घुप्प अंधेरा था।

'ये बुढ़ापा भी अजीब बीमारी है। न तो ठीक से नींद आती है और न मन को चैन मिलता है' रूक्मणी बड़बड़ाई और फिर अपनी झोंपड़ी के अन्दर आकर बिस्तर पर लेट गई।

शहर से पन्द्रह बीस मील दूर नदी किनारे कुछ मजदूरों ने झोंपड़ियां डालकर एक छोटी सी बस्ती बना ली थी। इस क्षेत्र को औद्योगिक क्षेत्र घोषित करने के बाद यहाँ पर बड़े भू-भाग में निर्माण कार्य आरम्भ हुआ था, जिससे सुदूर क्षेत्रों से आने वाले दिहाड़ी मजदूरों की संख्या अचानक बढ़ गई थी।

रूक्मणी का बेटा भी पास के गाँव से मजदूरी करने यहीं आ गया था और नदी के किनारे अन्य लोगों के साथ ही झोंपड़ी बनाकर रहने लगा था।

रूक्मणी घर गाँव छोड़कर नहीं आना चाहती थी, लेकिन बीमारी के कारण लाचार थी। गाँव से अधिकतर युवा नौकरी के लिए शहरों की ओर पलायन कर चुके थे। यदि गाँव में कोई मर जाये, तो भी कन्धा देने के लिए चार लोगों को ढूँढना मुश्किल था।

दिन भर बेटा-बहू मजदूरी करने चले जाते, तो रूक्मणी उनके दोनों बच्चों की देखभाल कर अपना समय बिता लेती।

रूक्मणि ने एक लम्बी सांस ली। नींद न आने के कारण रात काटना मुश्किल हो रहा था। लघुशंका के लिए वह एक बार फिर बाहर निकल आई। वापस लौट रही थी कि अचानक उसने कुछ लोगों के फुसफुसाने की आवाज सुनी। इतनी रात गये कौन हो सकता है। कहीं चोर तो नहीं? लेकिन चोर यहाँ क्या चोरी करने आयेगा? अपने इस विचार पर वह स्वयं मुस्करा दी, तभी उसे फिर से आहट सुनाई दी। फिर से तीन लोगों के बात करने का स्वर।

'इस समय सब सो रहे होंगे, कर दे काम?'

'हाँ यही ठीक रहेगा। सेठ ने कहा है जान का नुकसान नहीं होना चाहिए।' दूसरा बोला।

'अरे यार, दो-चार तो जायेंगे ही, तभी तो दहशत होगी। वरना ये तो कल फिर झोंपड़ी डाल यहाँ काबिज हो जायेंगे।'

'बात तो तू ठीक कह रहा है। चल फिर, अपना काम करें?'

रूक्मणि सांस रोक कर उनकी बातें सुन रही थी। कौन हैं ये लोग और क्या करना चाहते हैं? उसकी समझ में कुछ नहीं आया, तो वापस झोंपड़ी में लौट आई।

थोड़ी ही देर में उसे कुछ चटकने की सी आवाज सुनाई दी। लगता था मानो सूखे पुआल में आग लगी हो। बाहर आई तो देखा एक तरफ से झोंपड़ियों में आग लगी है। चिल्लाना चाहा तो आवाज गले में ही घुट कर रह गई। अन्दर आ कर झिंझोड़ कर बेटे को जगाया और उसे बाहर खींच लाई।

रामू ने तुरन्त चिल्लाना आरम्भ किया, लेकिन गर्मियों का मौसम होने के कारण आग तेजी से फैलती जा रही थी। रामू की आवाज और आग की तपिश से अब तक काफी लोग जाग चुके थे और अपने-अपने परिवारों को लेकर सुरक्षित ठिकाने की ओर

भाग रहे थे।

सुबह होते-होते पूरी बस्ती राख के ढेर में तब्दील हो चुकी थी। तीन मासूम बच्चों की इस हादसे में दर्दनाक मौत हो चुकी थी और कई लोग बुरी तरह झुलस गये थे। सभी लोगों ने इन चार पांच वर्षों की मेहनत से जो कुछ भी कमाया था, सबका सब राख हो चुका था। राख के ढेर में अभी भी कुछ लोग बचा खुचा तलाशने का प्रयास कर रहे थे।

कुछ लोग रूक्मणि और रामू के साहस की प्रशंसा कर रहे थे। अगर उन्होंने सही समय पर शोर नहीं मचाया होता तो बहुत भयानक दुर्घटना हो सकती थी।

रूक्मणि और रामू की बात तफतीश करने पहुँची पुलिस के कानों में भी पड़ी। उन्होंने तुरन्त दोनों को बुलवा भेजा।

'क्या देखा तुम दोनों ने? कैसे लगी ये आग?' पुलिस इंसपेक्टर की कड़कती आवाज सुन रामू की सांस गले में ही अटक गयी।

'साब मैं तो बाद में उठा, मेरी मां ने पहले देखा था।'

'बुलाओ अपनी मां को! कहाँ है वह?'

फिर रूकमणि को देख कर बोला 'तो तुमने देखा सबसे पहले आग लगते हुए! कैसे हुआ ये सब?'

'साब! हमें नींद कम आती है। बुढ़ापा है न। रात को हम एक बार बाहर आये। हमने सुना, तीन चार लोग आपस में बात कर रहे थे, जो कोई सेठ का नाम ले रहे थे और उसके किसी काम की बात कर रहे थे। रूक्मणि ने जो सुना था, वह सच-सच बता दिया।

किसी को देखा भी था क्या?'

'नहीं साब! इतनी रात को क्या देख पाते। वैसे भी कम दिखाई देता है अब।'

'तो सुनाई कैसे देता है इस उमर में भी?' पुलिस वाला सख्त आवाज में बोला। 'पता नहीं क्या सुन लिया और चली आई यहाँ

बताने।'

'अरे नहीं साब! ये सब कुछ तो हमने साफ-साफ सुना था। हम झूठ नहीं बोल रहे।' रूकमणि ने पुलिसवाले को बीच में ही टोक दिया।

'चल बुढ़िया।' उसने रूक्मणि को डपटते हुए कहा 'अगर ये बात फिर से दोहराई, तो तुझे और तेरे बेटे दोनों को जेल में बन्द कर देंगे।'

उसकी डांट सुन रूक्मणि सहम गई, परन्तु उसकी समझ में नहीं आ रहा था कि जब वो सच बता रही है, तो ये लोग हमें डाँट क्यों रहे हैं? रामू और उसे जेल में बन्द करने की धमकी सुन वह चुप्पी लगा गई।

जांच सम्बंधी खानापूर्ति कर पुलिस वापिस चली गई और बस्ती में रहने वालों के लिए शेष रह गया राख का ढेर।

उसी सायं को क्षेत्र के सबसे बड़े उद्योगपति सेठ रतनलाल के घर पर एक आलीशान पार्टी का आयोजन था, जिसमें क्षेत्र के सभी नामीगिरामी लोग, सरकारी नुमायन्दे और जन प्रतिनिधि उपस्थित थे। आखिर जिस जमीन पर वर्षों से रतनलाल की नजर थी, वह जल्दी ही उन्हें प्राप्त होने वाली जो थी।

'सर बधाई हो, आखिर वो जमीन खाली हो ही गई, किन्तु अभी कुछ महीने रुककर ही फैक्ट्री का निर्माण कार्य आरम्भ कीजिएगा, वरना लोगों को इसमें भी षडयंत्र की बू आयेगी। वैसे आज भी कुछ ईमानदार किस्म के पत्रकार बाकी हैं, जो राख में से भी खबरें निकाल ही लेंगे।' एक सरकारी अधिकारी ने रतनलाल को बधाई देते हुए कहा।

'अरे साहब! सब आपकी कृपा है। अब जमीन मिल ही गई है, तो रुक जायेंगे, कुछ समय।' फिर सेठ रतनलाल इंस्पेक्टर की ओर देखते हुए बोले 'किसी को कोई शक तो नहीं हुआ?'

'नहीं सेठ जी, बस एक बुढ़िया थी जो कह रही थी कि उसने रात को कुछ लोगों को बात करते हुए सुना था। लेकिन आप चिन्ता मत कीजिए, हमने उसे ढंग से धमका दिया है। मुँह नहीं खोलेगी वह।' दरोगा मुस्कराते हुए बोला।

एक तरफ आधी रात को भी सेठ रतनलाल की कोठी में चहल-पहल थी और दूसरी ओर मजदूरों के परिवार खुले आकाश के नीचे रात बिताने को मजबूर थे। रतनलाल के माथे पर कहीं भी तीन बच्चों के मारे जाने की खबर से शिकन तक नहीं थी। दरअसल जब ये बस्ती बनी थी, तब इस जमीन की कोई कीमत नहीं थी, लेकिन औद्योगिक क्षेत्र घोषित होते ही इसकी कीमत दिन दुगुनी रात चौगुनी होती जा रही थी।

रतनलाल की नजरें कब से इस जमीन पर थी, परन्तु उसे मौका नहीं मिल रहा था। इस बीच उसने सभी सरकारी अधिकारियों और अन्य लोगों से कुछ एक ऐसे समीकरण बनाये कि काम आसानी से हो गया।

अगली सुबह बस्ती के लोगों ने देखा कि जमीन के चारों तरफ तार बाड़ की जा रही है। कुछ लोगों ने पूछने की हिम्मत की तो उन्हें बताया गया कि वे लोग सरकारी जमीन पर कब्जा किये हुए थे, अब यहाँ उनका कुछ नहीं है। अब वे कहीं और जाकर रहें, इसी में उनकी भलाई है।

उन गरीब मजदूरों में इतनी सामर्थ्य कहाँ थी, जो वे सेठ रतनलाल जैसे लोगों से टक्कर लेने की हिम्मत जुटा पाते। वे तो दूर परदेश से दो जून की रोटी कमाने आये थे, किन्तु यहाँ तो अब छत के भी लाले पड़ गये।

तीन-चार माह बाद उसी नदी के किनारे दो-तीन मील दूर एक नई बस्ती बस चुकी थी, जिसमें रहने वाले मजदूर अपनी पुरानी रिहायशी जगह पर बनने जा रही सेठ रतनलाल की विशाल फैक्ट्री

के निर्माण में मजदूरी कर रहे थे।

न जाने किस दिन फिर रतनलाल जैसे किसी सेठ की नजर उनकी इस नई बस्ती पर पड़े और एक बार फिर उन्हें बेघर होना पड़े, ये बात कोई नहीं जानता। उन बेचारों को तो यह भी नहीं मालूम कि जिस फैक्ट्री को बनाने के लिए वे जी तोड़ मेहनत कर रहे हैं, उसी के कारण एक दिन उनका आशियाना उजाड़ा गया था। बस कर उजड़ना और फिर से बसना ही जैसे उनकी नियति बन गई है।

चक्रव्यूह

जैसे ही घड़ी की सुइयों ने बारह बजाये और एक-एक करके बाहर बारह घण्टों की आवाज सुनाई दी, तो शशांक ने सिर ऊपर उठा कर घड़ी की ओर देखा।

'ओफ्फोह! आज फिर बारह बज गये! लगता है घर पहुँचते-पहुँचते एक तो बज ही जायेगा। पल्लवी फिर मुँह फुलाकर सो गई होगी,किन्तु क्या करे वह भी? दो दिन बाद ही तो सेमिनार है, जिसमें सहभागिता हेतु विदेश स्थित किसी कम्पनी के उच्चाधिकारी यहाँ आ रहे हैं। चूंकि शशांक की कम्पनी को उनसे बहुत अच्छा व्यवसाय मिलने की उम्मीद है, इसलिए रात-रात भर काम करके सेमिनार की तैयारी हो रही है।

उसने एक अँगड़ाई ली। विदेशी कम्पनी के प्रतिनिधियों के समक्ष प्रस्तावित प्रेजेन्टेशन की रूपरेखा तैयार हो चुकी थी। उसने घण्टी बजाकर चपरासी को बुलाया।

'क्यों रामदीन! सब जा चुके हैं या अभी भी कोई बैठा है?'

'साहब, बड़े साहब आधा घण्टा पहले ही गये हैं। अब आप ही ऑफिस में हैं।' रामदीन बोला।

'ठीक है, अब मैं भी चलता हूँ।'

रामदीन ने शशांक का ब्रीफकेस उठाया और उसे कार पार्किंग

तक छोड़ गया। शशांक इतना थक चुका था कि इस वक्त उसका गाड़ी चलाने का कतई मन नहीं कर रहा था, लेकिन क्या करता ड्राइवर को तो उसी ने छुट्टी दी थी।

'यहाँ से घर पहुँचने में अभी आधा घण्टा और लगेगा।'

घर पहुँचकर डुप्लीकेट चाबी से उसने घर का दरवाजा खोला और चुपके से घर में दाखिल हो गया। पल्लवी की सख्त हिदायत थी कि देर रात में पहुँचने पर घण्टी मत बजाया करो, बच्चों की नींद खराब होती है।

उसके आने की आहट से मामा की नींद खुल गई।

'साहब, खाना लगाऊं?'

'नहीं मामा, मैं आफिस में खाकर आया हूँ।' कहते हुए शशांक अपने शयनकक्ष में चला गया।

पल्लवी इस सबसे बेखबर गहरी नींद में सो रही थी। शशांक बिस्तर पर लेट गया, किन्तु नींद उसकी आँखों से कोसों दूर थी।

क्या यही जिन्दगी चाही थी उसने? बचपन से ही पढ़ाई में अव्वल शशांक ने बारहवीं के बाद जब देश के नामी तकनीकी संस्थान से इंजीनियरिंग की पढाई अच्छे अंकों से उत्तीर्ण की, तो उसके सामने नौकरी के प्रस्तावों की झड़ी सी लग गई थी। कोई भी अच्छी कम्पनी इस होनहार इंजीनियर को अपने हाथों से निकलने नहीं देना चाहती थी।

शशांक एक मध्यवर्गीय परिवार से था और अपनी योग्यता के अनुसार पैसा कमाने की चाह रखता था। अपने दोस्तों से सलाह लेकर उसने एक कम्पनी में नौकरी कर ली। यहाँ उसे वेतन का बहुत अच्छा पैकेज मिला था, किन्तु काम करते-करते रात कब होती थी, यह पता नहीं चलता। सप्ताह के पाँच दिन तो सुबह से देर रात तक ऑफिस में ही व्यतीत होते, लेकिन शनिवार तथा रविवार को पूर्ण अवकाश होने के कारण शशांक को अपने लिए

समय मिल जाता। इन दो दिनों में वह दोस्तों के साथ खूब मौजमस्ती करता और वेतन का भरपूर उपयोग करता।

उसकी प्रतिभा और कमाई को देख कम्पनी ने उसे दो वर्ष के लिए अमेरिका जाने का प्रस्ताव दिया तो शशांक फूला नहीं समाया। उसके माता-पिता भी अपने पुत्र की प्रगति से बहुत प्रसन्न थे।

अमेरिका से वापिस लौटते ही शशांक के माता-पिता ने एक सुसंस्कारित परिवार की सुशील लड़की पल्लवी से शशांक का रिश्ता तय कर दिया। शशांक ने पहले ही घर पर कह दिया था कि उसे नौकरी वाली लड़की नहीं चाहिए। लड़की पढ़ी लिखी हो ताकि वह घर को अच्छी तरह से चला सके। साथ ही बच्चों को पर्याप्त समय देकर उन्हें अच्छे संस्कार दे सके। आर्थिक रूप से किसी मदद की उसे आवश्यकता नहीं थी क्योंकि उसकी कम्पनी उसे काफी अच्छा वेतन और सुख सुविधाएं दे रही थी।

विवाह होते ही पल्लवी ने शशांक के बिखरे हुए घर को संभाल लिया। शशांक को अब लगता कि औरत के बिना घर-घर नहीं होता। विवाह के तुरन्त बाद ही शशांक को पदोन्नति मिली, तो उसे लगा उसकी जिन्दगी में पल्लवी का आगमन उसके लिए बहुत शुभ है।

पदोन्नति के साथ-साथ जहाँ उसकी जिम्मेदारियां बढ़ती जा रही थी, वहीं दूसरी ओर घर के लिए उसका समय कम होता जा रहा था। आरम्भ में सप्ताहांत का समय वह पल्लवी के साथ ही बिताया करता था, लेकिन अब तो काम के दबाव के कारण कभी-कभी यह भी सम्भव नहीं हो पाता था और सप्ताहांत में भी अधिकांशतया किसी न किसी मीटिंग अथवा सेमीनार में व्यस्त रहने लगा था।

कुछ ही समय बाद पल्लवी गर्भवती हो गई, तो शशांक

यथासम्भव प्रयत्न करता कि उसे अपने साथ ही डॉक्टर के पास लेकर जाये, किन्तु ऐन वक्त पर कोई न कोई काम आ जाता और उसे मन-मसोस कर पल्लवी को अकेले ही जाँच करवाने जाने को कहना पड़ता।

पल्लवी ने एक पुत्री को जन्म दिया और उसके पालन-पोषण में व्यस्त हो गई। अब उसने शशांक से समय पर न आने की शिकायत करना कम कर दिया था। शशांक को लगा कि शायद अब पल्लवी उसकी मजबूरियां समझने लगी है।

इस बीच शशांक की एक और पदोन्नति हो चुकी थी और उसे मुम्बई स्थित मुख्यालय में स्थानान्तरित कर एक महत्वपूर्ण विभाग का इन्चार्ज बना दिया गया था।

जैसे-जैसे उसकी व्यस्ततायें बढ़ती जा रही थी, अपने दिन प्रतिदिन के काम के लिए उसकी पल्लवी पर निर्भरता बढ़ती जा रही थी। यहाँ तक कि उसे अपनी जरूरतों का सामान खरीदने के लिए बाजार तक जाने फुर्सत नहीं मिल पाती थी। कई बार उसे लगता कि क्या इतना पैसा वह इसलिए कमा रहा है कि उसके अपने पास उसे खर्च करने का वक्त नहीं है? लेकिन दूसरे ही पल यह सोच कर सन्तोष कर लेता कि वह स्वयं न सही, उसके अपने तो उस पैसे से एक सुखद जिन्दगी जी रहे हैं।

समय बीतता जा रहा था। पल्लवी अब दो बच्चों की माँ थी। शशांक को बच्चों से बात करने का भी बहुत कम समय मिलता। सुबह जब वह उठता, बच्चे स्कूल जा चुके होते और रात को वापिस लौटता तो बच्चे सो चुके होते। कभी जल्दी आने का प्रयास करता तो ऑफिस से इतने फोन आ जाते कि उसे लगता, इससे अच्छा तो वह ऑफिस में ही ठीक था।

यह सब सोचते-सोचते न जाने कब उसे नींद आ गई। सुबह उठा तो सिर भारी था।

'रात कब घर आये, मुझे उठा तो देते?' पल्लवी ने पूछा।

'बहुत देर हो गई थी, सोचा तुम्हें परेशान न करूँ। परसों एक सेमिनार है, उसी की तैयारी चल रही है।' शशांक निरपेक्ष भाव से बोला।

अगले दो दिन बहुत निर्णायक थे। शशांक अपनी कार्यकुशलता एवं वाकपटुता से विदेशी कम्पनी से एक बहुत बड़ा व्यवसाय प्राप्त करने में सफल रहा था। इसी खुशी में शाम को एक पार्टी का आयोजन किया गया था।

शशांक ने यह खुशखबरी पल्लवी को फोन पर सुनाई, तो उसने गर्मजोशी से उसे बधाई दी।

'शाम को तैयार रहना! इस खुशी में एक बहुत बड़ी पार्टी दी गई है। मैं तो घर नहीं आ पाऊंगा, तुम ड्राइवर के साथ आ जाना।' शशांक उत्साहित होकर बोला।

'नहीं शशांक, मैं नहीं आ पाऊंगी? बच्चों की परीक्षाएं चल रही हैं। अगर अच्छे नम्बर नहीं आये, तो वे हतोत्साहित हो जायेंगे। प्लीज, शशांक, समझो।' पल्लवी आहिस्ता से बोली।

'ठीक है।' शशांक ने फोन बन्द कर दिया।

शाम को पार्टी में हर जगह शशांक के चर्चे हो रहे थे। सब इस सफलता का श्रेय शशांक को ही दे रहे थे।

शशांक सुन कर मुस्कराने का प्रयास कर रहा था, किन्तु इस समय उसे पल्लवी की कमी खल रही थी। आखिर क्या पाया उसने इतनी भागदौड़ करके? आज जब सब इस सबका श्रेय उसे दे रहे हैं, तो उसके अपने इस भीड़ में कहाँ हैं? इसके बाद उसके वेतन में कुछ और वृद्धि हो जायेगी, कुछ और सुविधायें बढ़ा दी जाएँगी, लेकिन करेगा क्या वह इस वेतन वृद्धि का? जितना उसे मिल रहा है, क्या उसे खर्च करने का समय है उसके पास? जिनके लिये वह ये सब जुटाने करने का प्रयत्न कर रहा है, क्या वे लोग

हैं उसके साथ?

शशांक पता नहीं कब अपनी ही धुन में पार्टी से बाहर निकल आया और खिन्न मन से कार पार्किंग की तरफ बढने लगा। आज सचमुच उसे पल्लवी और बच्चों की बहुत याद आ रही थी।

अचानक ही उसका मोबाइल बज उठा 'शशांक कहाँ हो तुम? सी.एम.डी. साहब कब से तुम्हें तलाश कर रहे हैं। तुम्हें व्यक्तिगत तौर पर मिलना चाहते हैं। जल्दी पार्टी हॉल में पहुँचो।' शशांक के सहयोगी विशाल का फोन था।

'अभी आया, मैं बस हॉल के बाहर ही खड़ा हूँ।' और शशांक वापिस हॉल की ओर मुड़ गया।

'अब कोई चारा नहीं है शशांक! तुम्हें अब इसी दुनिया में और ऐसे ही रहना है। तुम्हें इन सबकी और इन्हें तुम्हारी आदत जो पड़ चुकी है। चाह कर भी इस चक्रव्यूह से निकलना अब तुम्हारे लिये सम्भव नहीं है।' शशांक मानो अपने आप से कह रहा था।

'पल्लवी मुझे माफ करना।' मन ही मन कहता हुआ शशांक एक बार फिर हॉल के अन्दर था, जहाँ तालियों की गड़गड़ाहट के बीच फूल मालाओं के साथ उसका स्वागत-सम्मान किया जा रहा था।

■■■